www.ingramcontent.com/pod-product-compliance
Lightning Source LLC
LaVergne TN
LVHW010322070526
838199LV00065B/5631

آتشِ بے نام

(غزلیات)

مظفر الدین خان صاحب حیدرآبادی

© Sahib Hyderabadi

Aatish-e-Be-Naam *(Ghazals)*
by: Muzaffaruddin Khan Sahib Hyderabadi
Edition: December '2024
Publisher :
Taemeer Publications LLC (Michigan, USA / Hyderabad, India)

ISBN 978-93-5872-952-8

مصنف یا ناشر کی پیشگی اجازت کے بغیر اس کتاب کا کوئی بھی حصہ کسی بھی شکل میں بشمول ویب سائٹ پر اَپ لوڈنگ کے لیے استعمال نہ کیا جائے۔ نیز اس کتاب پر کسی بھی قسم کے تنازع کو نمٹانے کا اختیار صرف حیدرآباد (تلنگانہ) کی عدلیہ کو ہو گا۔

© صاحب حیدرآبادی

کتاب	:	**آتشِ بے نام** (غزلیات)
مصنف	:	**مظفر الدین خان صاحب حیدرآبادی**
صنف	:	شاعری
ناشر	:	تعمیر پبلی کیشنز (حیدرآباد، انڈیا)
سالِ اشاعت	:	۲۰۲۴ء
صفحات	:	۲۱۰
سرورق ڈیزائن	:	تعمیر ویب ڈیزائن

آتش بے نام ۳ صاحب حیدرآبادی

جملہ حقوق بحق مصنف محفوظ

فہرست مضامین

۱۔ انتساب ۔	صفحہ ۴
۲۔ صاحب حیدرآبادی ۔ شخص اور شاعر	
از سید ہاشم علی اختر صاحب وائس چانسلر جامعہ عثمانیہ حیدرآباد ۔	صفحہ ۵ تا ۱۰
۳۔ تعارف ۔	
از علی احمد صاحب جلیلی	صفحہ ۱۱ تا ۱۴
۴۔ عرض مصنف	صفحہ ۱۵
۵۔ رباعیات	″ ۱۶
۶۔ نعت شریف	″ ۱۷ تا ۱۸
۷۔ غزلیات	″ ۱۹ تا ۱۹۵
۸۔ فردیات	″ ۱۹۶ تا ۲۰۶
۹۔ قطعہ تاریخ	
از حبیب علی صاحب حبیب	″ ۲۰۷ و ۲۰۸

انتساب

میری شریک حیات
سیدہ شہزادی بیگم کے نام

صاحب حیدرآبادی

صاحب حیدر آبادی شخص اور شاعر

از سیّد ہاشم علی اختر وائس چانسلر جامعہ عثمانیہ

زندگی تغیر پیہم کا نام ہے۔ دن کے ساتھ رات کا ہونا ضروری ہے زندگی کی راہ میں نشیب و فراز لازم و ملزوم ہیں۔

اب جو صاحب حیدر آبادی کے نام سے جانے جاتے ہیں یونیورسٹی کی طالب علمی کے زمانے میں مظفر نواب کے نام سے پہچانے جاتے تھے۔ عارضی اقامت خانے میں مقیم تمام طالب علموں میں واحد طالب علم تھے جو بورڈنگ ہاؤز میں اپنی موٹر بھی رکھتے تھے موٹر کا رنگ زرد تھا لڑکے اس کو "بیضہ خانہ سرکار عالی" اور "دہی کی کڑھی" کا نام دے رکھے تھے۔ کبھی یہ ان کے کمرے کے آگے سے چرالی جاکر یونیورسٹی کے احاطے میں کہیں دور لیجاکر چھوڑ دی جاتی۔ ان کے چند دوست احباب بھی موٹر میں ان کے ہمراہ رہا کرتے۔ مظفر صاحب جب رات کے کھانے کے بعد ڈائننگ ہال سے اپنے کمرے پر لوٹتے تو ان کا وارڈ بائے ان کا حقہ تیار کرکے وراندے میں آرام کرسی کے پاس لاکر رکھ دیتا وہ آرام کرسی پر دراز ہوکر حقہ کے کش لیتے اور جو احباب شوق فرمانا چاہتے ان کی بھی حقہ سے تواضع کیا کرتے۔ یہ مجھ سے ایک سال سینئر تھے اور ڈائننگ ہال میں عارضی اقامت خانہ کی

طرف سے عریف طعام تھے اُس زمانے میں کوئی یہ نہیں کہہ سکتا تھا کہ آگے چل کر یہ صاحب صاحب حیدرآبادی بنیں گے اور اُردو ادب اور شاعری میں کارہائے نمایاں انجام دیں گے۔
یونیورسٹی کی تعلیم سے فارغ ہو کر یہ سلکِ ملازمت میں داخل ہوئے۔ مسلسل (۳۰) سال تک محکمہ مال و بند و بست و سیول سپلائیز وغیرہ میں مختلف عہدوں پر کارگذار رہ کر ۱۹۷۳ء میں وظیفہ حسنِ خدمت پر سبکدوش ہوئے جس کے بعد سے وہ صاحب حیدرآبادی کے نام سے دنیائے ادب میں جانے جاتے ہیں۔ زمانۂ ملازمت کا سی سالہ دور صاحب حیدرآبادی کی ادبی مصروفیت کے لئے ناساز گار دور تھا۔ صاحب کا مزاج ملازمت سے مطابقت نہ رکھتا تھا یہ زمانہ انہیں راس نہ آیا۔ ۱۹۷۱ء سے ۱۹۸۴ء تک صاحب کی دس کتابیں چھپ چکی ہیں یہ اپنی کتابیں اپنے احباب کو تحفتہً دیتے ہیں چنانچہ مجھے ان کی کتابیں پابندی سے پہنچتی رہیں اور میں جستہ جستہ ان کا مطالعہ بھی کرتا رہا ہوں۔
کہتے ہیں کہ جب اللہ تعالیٰ کسی سے کوئی نمایاں کام انجام دلوانا چاہتے ہیں تو اس کو مصائب اور آلام میں مبتلا کرتے ہیں۔
میرؔ۔ غالبؔ۔ ملٹن۔ گولڈ اسمتھ۔ حضرت امجدؔ وغیرہ سبھی پر یہ بات صادق آتی ہے۔ صاحب حیدرآبادی اس سے مستثنیٰ نہیں ہیں انہیں زندگی میں سینکڑوں ناکامیوں کا منہ دیکھنا پڑا۔
واردات قلبی کے بغیر کلام میں سوز و گداز نہیں پیدا ہوتا۔ صاحب نے کہا ہے۔

مجھے جو دیکھنا چاہے مرے اشعار میں دیکھے

جسمانی بیماریوں میں مبتلا ہو کر صاحب اپنے ساتھیوں میں سب سے زیادہ ضعیف ہو گئے ہیں
عموماً یہ دیکھا گیا ہے کہ کوئی شاعر کسی ایک صنفِ سخن میں کمال حاصل کر لیتا ہے تو اس کو دوام حاصل ہو جاتا ہے مثلاً امجدؔ نے رباعی میں کمال پیدا کر کے دوام حاصل کیا

انیسؔ نے مرثیہ کے میدان میں نام پیدا کیا وغیرہ ۔ ایسا بہت ہی کم ہوا ہے کہ کسی شاعر نے ایک سے زیادہ اصنافِ سخن میں کمال کا درجہ یکساں طور پر حاصل کیا ہو ۔ اگر کسی نے ایسا کیا ہے تو یہ کوئی معمولی بات نہیں ۔ میں اگر یہ کہوں تو مبالغہ نہ ہوگا کہ صاحب حیدر آبادی نے یکساں طور پر صنفِ رباعی، غزل، قطعہ گوئی اور تاریخ گوئی میں فن کی بلندی کو چھو لیا ہے ۔ اس پر مستزاد یہ کہ ہر صنفِ سخن میں ان کا کلام کافی ضخیم ہے یعنی چار مجموعے رباعی کے جن میں زائد از ایک ہزار رباعیات ہیں چار دیوان غزل کے مشتمل بر سات سو غزلیات، ایک دیوان حمد و نعت و منقبت تقریباً سوسوا سو غزلیات پر مشتمل اور دو دیوان قطعات تاریخ کے صاحب کی تصانیف میں موجود ہیں ۔

غالبؔ نے آم کی ضروری دو خصوصیات بیان کی تھیں، میٹھا ہو اور زیادہ ہو ۔ میری رائے میں یہ دونوں خصوصیات صاحب کے کلام میں ہم کو بدرجۂ اتم مل جاتی ہیں ۔ کسی نقاد نے گبن یا اڈمنڈ برگ کے تعلق سے کہا تھا کہ ان کا کام ضخیم ہے voluminous تو دوسرے نقاد نے اس پر اضافہ کیا کہ It is also illuminous یعنی روشن اور ضیاپاش بھی ہے یہ دونوں خصوصیات کم ہی یکجا جمع ہوتی ہیں ۔ اگر اس کو غلو نہ سمجھا جائے تو میں کہونگا یہ دونوں خصوصیات صاحب کے کلام میں موجود ہیں ۔

صاحب حیدر آبادی کی کتاب جنوبی ہند میں اردو رباعی گوئی "تذکرۃ الشعراء" ڈسمبر سنہ ۸۴ء میں چھپی ہے اس پر جناب ڈاکٹر گیان چند جین صدر شعبۂ اردو مرکزی یونیورسٹی حیدر آباد نے پیش لفظ لکھا ہے ڈاکٹر صاحب نے بجا طور پر محسوس کیا ہے کہ صاحب کا تعلق اہلِ مدرسہ سے نہیں ہے وہ اردو کی روٹی نہیں

کھاتے ہیں اس کے باوجود اس قدر ضخیم کام جو سرانجام کیا ہے لائق تحسین ہے

دوسری اہم بات ڈاکٹر صاحب موصوف نے یہ بھی ظاہر کی ہے کہ اس تذکرے میں خاصی تعداد ایسے شعراء کی ہے جن سے دنیائے ادب بالکل روشناس نہیں تھی یا بہت کم ان کی نسبت جانتی تھی۔

ڈاکٹر صاحب کی بے لوثی اور بے باکی کے دو واقعات یہاں قابلِ ذکر سمجھتا ہوں جن کا اظہار انہوں نے اپنے مضمون "میری تعریف کرد" عنوان کے تحت مضمون قلم بند فرمایا تھا۔ یہ مضمون اخبار سیاست میں چھپا۔ ان خیالات کا اظہار انہوں نے کسی کتاب کی رسمِ اجرا کے موقع پر کیا تھا۔

ان کی بے باکی اور بے لوثی کی دوسری مثال راجہ چند ولال شاداں پر ڈاکٹر ثمینہ شوکت صاحبہ کی کتاب میں ملتی ہے۔ اس میں آپ نے کچھ اس طرح تحریر فرمایا ہے۔

مجھے یہ لکھنے میں ذرا بھی باک نہیں کہ چندو لال شاداں کوئی بڑے شاعر نہیں تھے۔ ساتھ ہی ان کی دیگر علمی خدمات کا اعتراف کیا ہے۔ ڈاکٹر گیان چند صاحب اس جرات کے لئے لائق صد آفرین ہیں۔

اکثر یہ دیکھا گیا ہے کہ لوگ دوسرے فن کار کے فن کے اعتراف میں بخل کرتے ہیں۔ مگر صاحب کا مزاج اس کے برعکس ہے۔ میں نے انہیں بارہا اس بات پر فخر کرتے ہوئے سنا ہے کہ ان کے ہم جماعت ڈاکٹر حفیظ قتیل۔ سید مبارز الدین رفعت۔ علی جلیلی۔ رشید قریشی۔ میر عابد علی خاں۔ محبوب حسین جگر اور خواجہ حمید الدین شاہد (ایڈیٹر سب رس پاکستان) جیسے جوہر قابل ہیں۔ وجد۔ زینت ساجدہ۔ ڈاکٹر جالبی (پاکستان) دلاور فگار۔ میر شامن علی خیال

جذب عالپوری ۔ نواب نصیرالدین خاں مہر ۔ امجد ۔ غالب وغیرہ وغیرہ نہ جانے کتنے ہی موجود اور غیر موجود فن کاروں کو انہوں نے منظوم خراج عقیدت پیش کیا ہے۔

تذکرۃ الشعراء کو بھی اسی سلسلے کی ایک کڑی قرار دیا جائے تو بیجا نہ ہو گا ۔ ہمہ دانی کا راگ تو سب الاپتے ہیں لیکن من آنم کہ من دانم کہنے والے کتنے ملیں گے۔ یہ وصف بھی صاحب کے کلام میں موجود ہے ۔

اغلاط کا پایا جانا عین مطابق فطرت انسانی بات ہے ۔ صاحب نے اعتراف کیا ہے :۔

نہیں ہے پاک جو اغلاط سے تو پاک نہیں ؎ مرا کلام ہے صاحب کلام پاک نہیں

غالب پر یگانہ چنگیزی نے کیا کچھ کیچڑ نہیں اچھالا ۔ عندلیب شادانی صدر شعبۂ اردو ڈھاکہ یونیورسٹی نے تو ایک کتاب ہی لکھدی اور غالب پر سرقہ کے الزامات عاید کئے ۔ اس کے باوجود کیا اقبال اور غالب کی شاعرانہ عظمت میں کوئی کمی واقع ہوئی ؟ ۔ حقیقت پر زیادہ عرصہ تک پردہ نہیں ڈالا جاسکتا۔

اس قطعہ میں صاحب نے ذرا سی سچائی کا اظہار کیا ہے :۔

قفل ادراک و معانی کے سنبھل کھلتے ہیں
لب کشا ہوتے ہی یاقوت محل کھلتے ہیں
اعتراف فن زینت سے کھلا ہے صاحب
آج کھلتے نہیں جوہر تو وہ کل کھلتے ہیں

مجھے بھی یہ کہنے میں کوئی جھجک نہیں کہ میں صاحب کو صف اول کے شعراء میں شمار کرتا ہوں ۔ آج نہیں تو کل وقت نے کنگھال کو وہ مقام دے گی جس کے کہ وہ مستحق ہیں ۔

آتش بے نام صاحب حیدرآبادی صاحب اپنے ہمعصروں کی سرد مہری بلکہ بے مہری کو محسوس کرکے کہتے ہیں کہ :۔

سو سال بعد شاید صاحب ہو قدر میری
لکھیں گے لوگ میرے اشعار آب زر سے

چونکہ مضمون زیادہ طویل ہوگیا ہے اس لئے صاحب کے کلام پر بحث کرنے کو کسی اور موقع کے لئے اٹھا رکھنا مناسب سمجھتا ہوں

" آتش بے نام " صاحبانِ نظر خود ملاحظہ کرنے کے بعد اس پر اظہار خیال فرمائیں تو وہ بھی ایک ادبی خدمت ہوگی فقط

سید ہاشم علی اختر
وائس چانسلر عثمانیہ یونیورسٹی
حیدرآباد

دی ۔ سی لاج
یکم جنوری سنہ ۱۹۸۵ء

تعارف

غزل کا فن ایک تاریخ رکھتا ہے جو صدیوں پرانی ہے اور ایک شاندار روایت سے وابستہ ہے۔ غزل اُردو شاعری کی سب سے زیادہ بے ساختہ اور سب سے زیادہ پاکیزہ صنف ہے۔ واحد صنف جو اپنا الگ مفہوم رکھتی ہے، الگ دائرہ بناتی ہے اور ہماری مکمل تہذیب کا سمبل ہے۔ ایک طرف حد سے زیادہ محدود، پابند اور مقررہ اصول کی حامل تو دوسری طرف اتنی ہی وسیع اور ہمہ گیر معنویت کی ضامن۔ باایں ہمہ مقبولیت کا یہ عالم ہے کہ کئی نسلوں نے اسکی آبیاری میں اپنا خون جگر صرف کیا ہے اور اتنا عظیم تاثر چھوڑا ہے کہ اس کی جڑیں ہماری تہذیب اور جذباتی زندگی کی گہرائیوں میں پیوست ہیں۔ اب انکا اکھاڑ پھینکنا بھی ممکن نہیں۔ یہی سبب ہے کہ غزل کے تعلق سے میں اپنی مختلف تحریروں میں اپنے اس ایقان کا اعلان کرتا رہا ہوں کہ اُردو اگر کل زندہ رہی تو غزل کے سہارے ہی زندہ رہے گی اس لئے ہر وہ شاعر جو غزل کہتا ہے وہ اُردو پر احسان کرتا ہے۔ مظفر الدین صاحب صاحب حیدرآبادی بھی بنیادی طور پر غزل گو شاعر ہیں جن کی غزلوں، نعت اور منقبت کے کئی مجموعے شائع ہو چکے ہیں چنانچہ وہ بھی اسی زمرہ میں آتے ہیں۔

صاحب حیدرآبادی کا تازہ شعری مجموعہ " آتش بے نام" اس وقت میرے پیش نظر ہے۔ صاحب کو میں اس وقت سے جانتا ہوں جب وہ جامعہ عثمانیہ میں میرے ہم مکتب تھے اور شعر و ادب سے ان کی دلچسپی کا اظہار برملا ہوا کرتا تھا لیکن یہ وہ زمانہ تھا جب

انہوں نے اپنے شاعر ہونے کا اعلان نہیں کیا تھا۔ پھر ایک طویل وقفہ کے بعد ملازمتوں کے دوران ان سے ملاقات ہوئی تب تک وہ شاعری کے میدان میں اپنے قدم جما چکے تھے۔ وظیفہ کے بعد جب وہ حیدرآباد آگئے تو یہاں کے شاعرانہ ماحول نے پر پرجانہ ساکام کیا اور ان کی ساری توانائی سشر و شاعری پر مرکوز ہوگئی۔ آج پچاس سال سے وہ اپنی صلاحیتیں لیلائے سخن کے گیسو سنوارنے میں صرف کر رہے ہیں۔ صاحب وجاہت خاندانی رکھتے ہیں اور شاعری کا ذوق اپنے پرکھوں سے ورثہ میں پایا ہے۔ ارباب علم و فن کی صحبت اور رہنمائی حاصل رہی ہے۔ یہ پس منظر ان کی شاعری کا اعتبار بڑھانے کے لئے کافی ہے۔

اس میں شک نہیں کہ آج غزل بحرانی دور سے گزر رہی ہے۔ طرز فکر اور سوچنے کے طریقے بدل رہے ہیں شکست و ریخت کا عمل وقت کا تقاضا بن چکا ہے۔ پرانی قدریں دم توڑ رہی ہیں اور نئی قدریں وجود میں آرہی ہیں۔ پچھلی نسل اپنا کام کر چکی اور نئی نسل غزل کو لیکے آگے بڑھ رہی ہے لیکن اس ہجوم میں پچھلی نسل کا ایک گروہ ایسے غزلگویوں کا بھی ہے جو قدیم روایت و آہنگ کا پاسبان ہے۔ اس پاسبانی میں صاحب بھی اپنا حق ادا کر رہے ہیں اور اس نظریہ پر قائم ہیں کہ غزل کو صحیح طریقہ پر اسکی اپنی روایات کے پس منظر ہی میں ڈھالا جا سکتا ہے چنانچہ صاحب نے جدت اور جدیدیت کے طوفان سے دور ایوان غزل میں اپنی موم بتی والی شمع روشن کر رکھی ہے۔ انہیں غزل کی روایات سے پوری آگہی ہے جسکی تقلید بڑی کامیابی سے کی ہے۔ ایک نقاد کے الفاظ ہیں :-

> "شاعری میں روایت کی کامیاب تقلید کی خاص اہمیت ہے۔
> روایت کی کامیاب تقلید اس میں شک نہیں ہمارے شعری سرمایہ
> میں مزید رنگ کا اضافہ نہیں کر سکتی لیکن مقدار کا اضافہ کرتی رہتی ہے
> وہ سہے روایت کے اچھے نمونے ان شاعروں کی مدد بھی کرتے ہیں

جو اپنے احساسات کو سلیقے سے شعری پیکر دینا جانتے ہیں۔"

احساسات کو شعری پیکر دینے کے بات صاحب پر صادق آتی ہے جو غزل کہنے کا سلیقہ رکھتے ہیں۔ آج جبکہ دور حاضر کے بہت سے شعرا سہل نگاری کے عادی ہو چکے ہیں اور کسی پابندی کو روا نہیں رکھا ہے۔ صاحب جیسے شاعروں نے اپنی اور غزل کی ــــ دونوں کی ساکھ کو قائم رکھا ہے۔ مثلاً غزل کے خط و خال کا ایک اہم پہلو غزل کی زبان اور اسکے لوازم ہیں۔ غزل اپنی ایک خاص لغات رکھتی ہے جو اسکے مزاج کی تشکیل کرتی ہے اور جس کی وجہ سے اس کا مزاج اتنا نازک ہوگیا ہے کہ وہ ایک لفظ بھی خلاف مزاج برداشت نہیں کرپاتی۔ صاحب اس نکتہ سے بخوبی واقف ہیں کہ غزل کی جمالیات دھیمے، سبک اور سڈول لفظوں کی تابع ہے اسلئے نئے الفاظ کی تلاش میں وہ دور نہیں جاتے۔ آج جبکہ غزل کو نامانوس، اجنبی اور کھردرے الفاظ سے بوجھل کیا جارہا ہے۔ صاحب کی غزلیں گردو پیش کے مانوس الفاظ اور انہیں مروج علامتوں سے عبارت ہیں جو غزل کی تشکیل میں عموماً حصہ لیتے رہے ہیں مثلاً ساقی و میخانہ، بہار و خزاں، بلبل و آشیاں، دام و قفس، صیاد و باغباں، زندان و زنجیر، عشق و عقل، خرد و جنوں، دشت و چمن، زلف و رخسار، محفل و انجمن، شمع و پروانہ، کعبہ و بتخانہ، کفر و ایمان، کاروان و منزل، ساحل و طوفان، رہزن و رہبر، شعلہ و شبنم اور ہوش و مستی وغیرہ۔

ان علامتوں سے صاحب نے جی بھر کے استفادہ کیا ہے اور اس خوبی سے برتا ہے کہ کلام میں تازگی و شگفتگی پیدا ہوگئی ہے۔ زبان بالعموم سادہ اور بیان سلیس ہے۔ جہاں کہیں فارسی مرکبات تراش کر اشعار میں ندرت پیدا کرنے کی کوشش کی ہے وہاں غالبیت نمایاں ہے۔

جہاں تک مضامین غزل کا تعلق ہے تغزل کا مفہوم مظفر الدین خاں صاحب کے نزدیک زیادہ تر ان جذبات محبت سے ہے جو اس گوشت پوست کی دنیا میں گوشت پوست سے

آتش بے نام صاحب حیدرآبادی

پیدا ہوتے ہیں۔ حسن وعشق کی یہ داستان جسے ہم حدیث دلبری کہتے ہیں ان کے اشعار میں بکھری پڑی ہے۔ ان کی معاملہ بندی بڑی معصوم، متین اور سنجیدہ ہے جو تہذیب کے دائرہ سے باہر قدم نہیں رکھتی۔ کہیں کہیں خطیبانہ اور ناصحانہ رنگ بھی اختیار کیا ہے۔ اخلاقی نکات، انسانی کردار کی استقامت اور حق وصداقت کا درس بھی ملتا ہے۔ اسطرح صاحب کی غزلیہ شاعری اخلاق وتہذیبی اقدار کی بھی شاعری ہے۔ البتہ تصوف فلسفہ ان کے مضامین انکی غزل سے خارج ہیں۔ انہوں نے فلسفہ حیات کی گتھی سلجھانے اور شعر کو فلسفہ بنانے کی زحمت نہیں اٹھائی ہے۔ مجموعی طور پر مضامین کی یکسانیت اور تکرار سے وہ دامن نہیں چھڑا سکے ہیں۔ تاہم شاعر چونکہ خود کو ماحول سے علحدہ نہیں رکھ سکتا اسلئے آج کے دور کے کرب اور اضطراب کو انہوں نے شعوری طور پر نہیں تو غیر شعوری طور پر محسوس کیا ہے اس طرح غم جاناں کے ساتھ ساتھ غم دوراں کی دھڑکنیں بھی یہاں وہاں سنائی دیتی ہیں۔

صاحب کی ایک قابل ذکر خصوصیت ان کی زود گوئی اور پر گوئی ہے۔ یہی وجہ ہے کہ ان کی غزلوں میں ایکقسم کا بہاؤ اور روانی کی سی کیفیت ہے۔ دوسرا وصف ان کا متوازن رویہ ہے۔ معتدل تخلیقی مزاج نے کلام میں ہر جگہ ضبط وتوازن پیدا کر رکھا ہے پھر یہ کہ آج جبکہ فن سے گریز کا رجحان عام ہورہا ہے صاحب زبان وبیان کی صحت اور فکر میں فن کی اہمیت کو محسوس کرتے ہیں اور اس کا اہتمام کرتے ہیں فن کی پاسداری کا یہ رکھ رکھاؤ آج بڑی بات ہے۔

یہ بات بہت خوش آیند ہے کہ شاعری کی چنگاری جو ابتدائے عمر میں پیدا ہوئی تھی صاحب آجتک اُسے برابر ہوا دیتے رہے ہیں۔ ان کے یہاں غزل کی روایت زندہ ہے۔ شاعری کا یہ سفر انہوں نے بڑے اعتماد کے ساتھ طے کیا ہے۔ مجھے توقع ہے کہ یہ شعری مجموعہ غزلیہ شاعری کے مانوس اور متعارف انداز کو فروغ بخشنے میں اور غزلیہ شاعری کی روایتی عمومیت کی توسیع میں مدد دیگا اور ارباب ذوق سے خراج تحسین حاصل کرے گا۔

علی احمد جلیلی

۳ جنوری ۱۹۸۵ء

جلیل منزل سلطان پورہ
حیدرآباد

عرضِ مصنف

اللہ تعالیٰ کے فضل و کرم سے "آتشِ بے نام" زیورِ طباعت سے آراستہ ہو رہا ہے۔

یہ میری غزلیات کا تیسرا مجموعہ ہے جس میں کم و بیش ۱۸۵ غزلیں شامل ہیں۔ اس سے قبل "جوہرِ اندیشہ" میں (۲۵۰) غزلیں اور "زبانِ شمع" میں ۱۳۴ غزلیں چھپ چکی ہیں۔ چوتھا مجموعہ "غزل در غزل" طبع شدنی ہے اسمیں تقریباً ۵۰ غزلیں ہیں

میں جناب سید ہاشم علی اختر صاحب وائس چانسلر عثمانیہ یونیورسٹی کا ان کے مضمون "صاحب حیدرآبادی شخص اور شاعر"۔ علی احمد صاحب جلیلی کے "تعارف" اور جناب ڈاکٹر حسن الدین احمد صاحب صدر ولا اکیڈیمی کے اس کتاب کو ولا اکیڈیمی کی مطبوعات میں شریک کرنے پر ان کا شکر گذار ہوں۔

جناب وقار خلیل صاحب کا بھی بیحد ممنون ہوں جنہوں نے پہلی کاپی کی تصحیح فرمائی اور اس مجموعۂ کلام کی طباعت کے کام میں ہر طرح مدد دی فقط

سید مظفر الدین خان
صاحب حیدرآبادی

مغلپورہ حیدرآباد
۱۰ر جنوری ۱۹۸۵ء

رباعیات

کیا نکہتِ گل بن کے چمن چھوڑو گے ۱۶/۱۱ ۱۹۸۴ء
کیا مُشک کی مانند ختن چھوڑو گے
تڑپو گے بہت یاد دکن میں صاحب
اس عمر میں کیا خاک وطن چھوڑو گے

★

ہر اشک میں یکدانہ گوہر دینا ۱۸/۱۲ ۱۹۸۴ء
جو کام ادھورے ہیں انہیں کر دینا
کب سے ہوں پسارے ہوئے دامن یارب
دامانِ تہی اب تو مرا بھر دینا

آتش بے نام 17 صاحب حیدرآبادی

نعت شریف

۲۲؍ نومبر ۱۹۸۳ء

یہ جانِ مضطرب برقِ تپاں معلوم ہوتی ہے
نبیؐ کی نعت ہی روحِ رواں معلوم ہوتی ہے

نمی مژگانِ تر کی آہِ سوزاں کی تپش اے دل
بفیضِ رحمتِ شاہِ شہاں معلوم ہوتی ہے

نبیؐ کے آستانے سے چلے ہیں قافلے شاید
کہ گردِ کارواں بھی زرفشاں معلوم ہوتی ہے

جدا رکھے گی کب تک ارضِ اقدس سے خدا جانے
زمینِ فتنہ ساماں آسماں معلوم ہوتی ہے

بشوقِ دیدِ مہرِ تابانِ حرا اے دل
ہماری زندگی کوہِ گراں معلوم ہوتی ہے

دیارِ پاک کے مابین یخ بستہ سمندر میں
ہماری کشتیٔ عمرِ رواں معلوم ہوتی ہے

درودِ پاک کی محفل میں کھو جاتا ہوں جب جاکر
تو ہر شے مجھ کو میری ہمزباں معلوم ہوتی ہے

بیاں میں کیا کروں کیا لذتیں عشقِ نبیؐ میں ہیں
بیاں ہو کر حقیقت داستاں معلوم ہوتی ہے

نبیؐ کے عشق میں آتش بیانی کے سبب صاحبؔ
نفس کی آمد و شد بھی فغاں معلوم ہوتی ہے

نعت شریف

۲۷ ڈسمبر ۱۹۸۳ء

سیدِ کونین کے روضے کی عظمت دیکھئے
ہاں مدینے کی زمیں پر شانِ رحمت دیکھئے

رحمتِ عالم مرے اشکِ ندامت دیکھئے
میرا اُترا چہرہ میری غیر حالت دیکھئے

یہ نہ تھی قسمت ہماری دیکھتے سرکارؐ کو
آستانے کے غلاموں ہی کی صورت دیکھئے

دولتِ عشقِ نبیؐ سے دل جو مالا مال ہے
ان گدایانِ محمدؐ کی سخاوت دیکھئے

محوِ حیرت ہے زمانہ حسنِ سیرت دیکھکر
حشر میں جاکر محمدؐ کی شفاعت دیکھئے

مرتے مرتے ہی نکل جائے یہ ارمانِ دلی
جاں ہی دے کر کیوں نہ ہو وہ پاک صورت دیکھئے

گنبدِ خضرا کہاں یہ بندۂ عاصی کہاں
حاضرِ دربار ہے صاحبؔ کی قسمت دیکھئے

آتش بے نام

صاحب حیدرآبادی

١٩ غزل

۵ر جولائی سنہ ۱۹۸۱ء

سنتے آئے ہیں کہ جنت میں ٹھکانے ہونگے
جانے کب تک ہمیں یہ رنج اٹھانے ہونگے

لب پہ یوسفؑ کی طرح اپنے فسانے ہونگے
آج جو دوست ہیں دشمن وہ پرانے ہونگے

چار احباب ٹھکانے کے کیسے ملتے ہیں
اپنی میت کے لئے اپنے ہی شانے ہونگے

ہر طرف پھیل گئے نخوت و پندار کے بت
سادہ لوحوں کو ابھی ناز اٹھانے ہونگے

زندگی ہم کو ملی خواب پریشاں کی طرح
ہم کہاں ہونگے جہاں خواب سہانے ہونگے

اپنا سونا بھی ہوا قدر میں کم مٹی سے
ناگ جس خاک پہ لوٹیں وہ خزانے ہونگے

حق دلانے کے لیے چاہیئے بوبکرؓ کا عزم
ورنہ جب دیکھو بہانے ہی بہانے ہونگے

دور صاحب ہے یہ صد حسرت و مایوسی کا
اپنی قسمت میں کہاں گذرے زمانے ہونگے

۵؍ جولائی ۱۹۸۱ء

کیا خبر تھی کہ سبھی رنگ نرالے ہونگے
اپنی تنویر سے محروم اُجالے ہونگے
میرے ارمانوں کا ہوناس کسے تھا معلوم
دل کے ناسور یہی ناز کے پالے ہونگے
غیر کی جن سے توقع تھی وہی اے ہمدم
کیا خبر تھی کہ بُرا چاہنے والے ہونگے
وہ جو اب بستہ یہاں مثلِ صدف رہتے ہیں
کیا عجب ان کی زبانوں پہ بھی چھالے ہونگے
وہ جو محروم وطن سے ہیں، وطن میں صاحبؔ
خلدِ آدم کے ابھی تازہ نکالے ہونگے

۶؍ جولائی ۱۹۸۱ء

جان اور دل میں رخِ یار کے دیوانے دو
یعنی اک شمع ہے اور اس کے ہیں پروانے دو
تابشِ رخ کی ہے تیرے مری آنکھوں میں ضیاء
ایک ہی جام سے لبریز ہیں پیمانے دو

ناصحو! بات سمجھتا ہے کہاں دیوانہ
چھوڑ دو راہ مری مجھ کو گذر جانے دو
قیس و فرہاد میں دیکھے کوئی نیرنگیٔ عشق
ایک عنوان ہے جس کے ہیں یہ افسانے دو
درد و غم سے مری دیرینہ شناسائی ہے
یہ پڑوسی ہیں مرے ان کے ہیں کاشانے دو
خون رو رو کے تہی دست ہوئے قلب و جگر
دونوں آنکھوں میں بسے ہیں یہی ویرانے دو
میں نہ اٹھوں گا کبھی در سے صنم کے صاحبؔ
سر پہ آتی ہے قیامت بھی تو آجانے دو

○

۶ / جولائی ۱۹۸۱ء

ڈھونڈنے پر بھی کہاں پاؤ گے
ہم سے ملنے کو ترس جاؤ گے
کرکے بیداد و ستم ڈھاؤ گے
وہ بھی دن ہونگے کہ پچھتاؤ گے
گر کرم ہم پہ نہ فرماؤ گے
کون ہے جس پہ ترس کھاؤ گے

ھجر کی آگ میں کیوں جھونک دیا
اپنی کرنی کی سزا پاؤ گے

سامنا اپنا ہی کرنا ہوگا
آئینہ دیکھ کے شرماؤ گے

کی بہت ہی کد و کاوش تو سنو
روٹھی یادیں ہی اٹھا لاؤ گے

باز آجاؤ ستم سے ورنہ
خود بھی تڑپو گے جو تڑپاؤ گے

عشق کی مجھ کو سزا تو دیدی
عفو خود کو بھی نہ کر پاؤ گے

کیا کریں گے وہ مداوا، صاحبؔ
بھولنے پر بھی جو یاد آؤ گے

○

۷؍جولائی ۱۹۸۱ء

جب تک کہ جان و جسم میں وابستگی رہی
میرے نفس نفس میں تمہاری کمی رہی

حاصل سکوں رہا نہ مجھے بیکلی رہی
آواز تیری کان میں رس گھولتی رہی

اس درجہ بزمِ ناز میں اب کے کمی رہی
معدوم تھے وہ جن کو نظر ڈھونڈتی رہی

ایسا بھی اک مقام ملا تیری راہ میں
جب غم کا غم رہا نہ خوشی کی خوشی رہی

کیا لطف روزِ حشر مکافات کا ملے
جب دوستی رہی نہ کوئی دشمنی رہی

تیری جفا نے ایسے ہی کچھ امتحاں لئے
میری اجل بھی آ کے کھڑی دیکھتی رہی

دریائے اشک سوکھ گئے ہجر میں مگر
صاحب نہالِ زخم کی کھیتی ہری رہی

○

۷ر جولائی ۱۹۸۱ء

بادل تمام غم کے چھٹے روشنی ملی
تم کیا ملے کہ مجھ سے مری زندگی ملی

رونے کے واسطے ہی ملی تھی حیاتِ شمع
بجھنے کو مسکراتی ہوئی زندگی ملی

گُل ہیں چراغِ چشم، بجھے دل کے ہیں کنول
کیسی ہمیں یہ نام خدا روشنی ملی

دیر آشنا ملا پہ مسرت نہ مل سکی
اس کی اداس اداس نظر اجنبی ملی
بعدِ فراق وصل کا صاحب نہ پوچھ حال
دل کو نفس نفس میں نئی بیکلی ملی

○

۱۸ر جولائی ۱۹۸۱ء

جذبۂ شوق پہ تحدید لئے بیٹھے ہیں
کب سے اک کاسۂ اُمید لئے بیٹھے ہیں
شمع ساں غم سے پگھل جانے کی کس کی ہے مجال
ہمہ تن جلنے کی تاکید لئے بیٹھے ہیں
عُمر ساری ہی کٹی شام جُدائی بن کر
کیوں شبِ وصل کی اُمید لئے بیٹھے ہیں
اپنی قسمت میں نقط زحل لکھانے والے
جانے کیوں حسرتِ ناہید لئے بیٹھے ہیں
آتشِ غم ہے میسّر تجھے عمرِ خضری
ہم جو ہر سانس میں تجدید لئے بیٹھے ہیں
انتظار اس کا قیامت کی گھڑی ہے صاحب
حسرتِ چشم کی تمہید لئے بیٹھے ہیں

○

۸ / جولائی ۱۹۸۱ء

باعثِ افتخار تھے ہم لوگ
اس چمن کی بہار تھے ہم لوگ
یوں ترا اعتبار تھے ہم لوگ
دلِ دشمن میں خار تھے ہم لوگ
ذکر اپنا ملائکہ میں رہا
پھر جو دیکھا تو خوار تھے ہم لوگ
ہم سے روشن جہاں کی تھی تاریخ
خامۂ زر نگار تھے ہم لوگ
تھے کبھی تیغِ دستِ یزداں ہم
صاحبؔ ایسے کبار تھے ہم لوگ

○

۱۸ / جولائی ۱۹۸۱ء

ورقِ زر نگار ہیں ہم لوگ
تیرے آئینہ دار ہیں ہم لوگ
سر کٹاتے رہے ہیں مثلِ حسینؓ
ایسے سجدہ گذار ہیں ہم لوگ

کیا صلہ ہے یہی وفاؤں کا
دامن تار تار ہیں ہم لوگ
کل ملائک میں ذکر تھا اپنا
آج کیوں اتنے خوار ہیں ہم لوگ
بَیر ہم سے ہے اک زمانے کو
دوشِ گیتی پہ بار ہیں ہم لوگ
خاک دخوں میں فلک ملاتا ہے
جان کر خاکسار ہیں ہم لوگ
ہیں مزار دکفن شہیدوں کا
سینۂ دلفگار ہیں ہم لوگ
چین آئے گا قبر میں شاید
زندگی کا جزاز ہیں ہم لوگ
چاندنی چار دن کی ہو جیسے
زندگی کا وقار ہیں ہم لوگ
موڑ کر حکم رب سے منہ صاحبؔ
اس کے امید دار ہیں ہم لوگ

○

۲۸ ر جولائی ۱۹۸۰ء

دولت درد سے دنیا مری آباد رہے
جس نے ناشاد کیا ہے مجھے وہ شاد رہے

رہتی دنیا میں نہ اب وامق و فرہاد رہے
نقش کچھ ایسا بٹھایا کہ بہت یاد رہے
تجھ سے ہر وقت ہی خالی رہی دنیا میری
جان و دل یاد سے تیری مگر آباد رہے
حرفِ باطل کی طرح مجھ کو مٹایا دل سے
وہ کہ پیمانِ وفا بن کے بہت یاد رہے
روز و شب سلسلۂ شادی و غم ہیں صاحبؔ
ہم یہاں کشتۂ مجموعۂ اضداد رہے

○

اتوار ۲؍اگست ۱۹۸۱ء یکم شوال ۱۴۰۱ھ روز عید الفطر

پھر افقِ چشم خون جاری ہے
عید کا چاند بھی کٹاری ہے
عید کی شب بھی ہے شبِ عاشور
سرگذاری کی رسم جاری ہے
عید کے روز خوانِ یغما پر
شورِ ماتم ہے آہ و زاری ہے
تر ہوئی جس کی آستیں خوں سے
ہاں وہی امن کا پجاری ہے

کیوں نہ کھیلیں گے خون کی ہولی
عام جس جا شراب خواری ہے
زندگی بے حسی کا نام ہوا
موت سے ہم کو شرمساری ہے
یہ تمول بھی اپنا ہے ورنہ
دو میں ایک آدمی بھکاری ہے
لال ڈورے ہیں سرخ آنکھوں میں
اور جبینوں پہ لال دھاری ہے
بول میٹھے لبوں پہ رہتے ہیں
زہر کی سلسبیل جاری ہے
خون کی پیاسی سرزمینِ دکن
جان سے بڑھ کے ہم کو پیاری ہے
جانتے سب ہیں دستِ قاتل کو
جانے اب کس سے پردہ داری ہے
نقش ہے صاف باب خونیں پر
زخم کاری کی دستکاری ہے
جیسے کوئی ہرن درندوں میں
واہ کیا زندگی ہماری ہے

سب ہیں شامل تماشہ بینوں میں
کھیل دکھلا رہا مداری ہے
بھول بھی جاؤ جو ہوا سو ہوا
یہ بھی اک مشقِ چاندماری ہے
کیا نہ ہو گا یہاں پہ کیا نہ ہوا
دن سیاہی میں شب پہ بھاری ہے
جانے کب تک رہیں یہ لیل ونہار
جانے کب تک یہ جانسپاری ہے
روز و شب آئینہ بنے صاحبؔ
ایک سکتہ سا ہم پہ طاری ہے

○

۸ر اگست ۱۹۸۱ء

یوں بھی محروم تھا بدن اپنا
دے دیا پھول کو کفن اپنا
تذکرہ ہے یہ چمن چمن اپنا
وا ہوا غنچۂ دہن اپنا
جلوۂ مستِ آئینہ برکف
شعر میں دیکھ بانکپن اپنا

ہمسفر اپنے ہیں صبا و سموم
نہ وہ صحرا نہ یہ چمن اپنا
شمع کی ہم زبان ہیں گویا
روز روشن ہے یہ سخن اپنا
جیسے خوشبو کہیں مقیّد ہو
ہے سخن نافۂ ختن اپنا
غیر جانا ہر اک نے کیا کہئے
شیخ اپنا نہ برہمن اپنا
بے ٹھکانہ ہیں بوئے گل کی طرح
ہاں کبھی تھا وطن اپنا
ہم کہ صاحب ہیں صاحب آفاق
کیوں ہو محدود پھر وطن اپنا

○

۹ اگست سنہ ۱۹۸۱ء

برق کی مانند اک ابرِ سیہ کی اوٹ سے
تھی تبسم کی جھلک بھی سلوٹوں کے درمیاں
آپ کیا آئے شبِ غم جان میں جان آگئی
ہوگئی اولوں کی بارش گرمیوں کے درمیاں

گردشِ افلاک سر پر زیرِ پا تحت الثریٰ
آدمِ خاکی پسا ان دو سِلوں کے درمیاں

رخنہ اندازی کریں گے اس جگہ پھر بھی عدو
فاصلے گرچہ نہ ہونگے دو دِلوں کے درمیاں

آپ کا حُسنِ تبسم زندگی کی جان ہے
اک کرن اُمید کی سو حسرتوں کے درمیاں

عشق کی بدنامیاں، بے مہریاں، بے تابیاں
سانپ بچھو کا بچھونا راستوں کے درمیاں

آپ نے دامن چھڑایا، دیکھنا جس موڑ پر
زندگی اب بھی کھڑی ہے کرچیوں کے درمیاں

خلوت و جلوت میں جلووں کی فراوانی نہ پوچھ
قلقلِ مینا ہو جیسے قہقہوں کے درمیاں

گرد میں آلام کی، یادوں کی تیری چاندنی
ایک دھندلا سا مرقع آنسوؤں کے درمیاں

چشم جادو، تیرِ مژگاں اور یہ بیچارہ دل
جیسے آہو گھر گیا ہو برچھیوں کے درمیاں

پارہ پارہ اک لباسِ گل بنا جس کی مثال
سیم تن شعلہ بدن ہیں دھجیوں کے درمیاں

عشق کی سرکار کا ہر فیصلہ دار و رسن
ایک پیغمبر کھڑا ہے قاتلوں کے درمیاں

چاہِ کنعاں میں ہو جیسے یوسفؑ گُم تشنہ گُم
مدعا عنقا تھا اپنا ، ہچکیوں کے درمیاں

سرخرو ہم ہی نہ ہونے پائے ورنہ بزم میں
خار آسودہ ملے صاحبؔ گُلوں کے درمیاں

○

۱۰ر اگست سنہ ۱۹۸۱ء

چلے جو جام تو دورِ مئے شباب چلے
جو آفتاب ڈھلے بھی تو ماہتاب چلے

میں اپنی منزلِ مقصود پر پہنچ جاؤں
قدم بڑھائیے ذرا زندگی شتاب چلے

نہ جانے کیوں مری دنیا ہے ایک حال پہ عجب
ستارے، چاند زمیں اور آفتاب چلے

مقابلے میں دلِ ناتواں کا تنہا دم
ستم کے تیر چلے اور بے حساب چلے

عجیب بات سناتے ہیں تم کو ہم صاحبؔ
جئے یہاں جو بُرے حال کامیاب چلے

۱۱ر اگست ۱۹۸۱ء

جلوۂ طُور کو ظلمات سے گھبرا نہ کرو
گھٹ کے مرجائیں دیدار کو، ایسا نہ کرو

پھر دلِ سادہ کو ایسا نہ ہو دھوکہ ہو جائے
اس طرح مجھ سے چھپا کر مجھے دیکھا نہ کرو

ہم کو منظور ہے مرنا مگر اس شرط کے ساتھ
قتل اقساط کی صورت میں ہمارا نہ کرو

دم کہاں دل میں اٹھانے کو دلاسوں کا بھی غم
میرے امروز کو تم وعدۂ فردا نہ کرو

ہم سے وابستہ فرشتوں کی سی امیدیں کیوں؟
پیکرِ خاک کے معیار کو رسوا نہ کرو

ہو گیا نامِ وفا سارے جہاں سے معدوم
حُسن کو مصر کے بازار میں ڈھونڈا نہ کرو

روح کی طرح سے وابستۂ تن ہے صاحبؔ
کیسے ممکن ہے جیو اور تمنّا نہ کرو!

۱۲ر اگست ۱۹۸۱ء

گردشِ ایام و دورِ جام کیا
زندگی کے بَخ کیا آرام کیا

اک سرائے شب کو دو گے نام کیا
اس سفر کی صبح کیا اور شام کیا
شیشہ دل کا نہیں ہے جن کو پاس
ان کو احساسِ شکستِ جام کیا
الاماں اے رستخیزِ زندگی
تیرا دن کیا اور تیری شام کیا
اپنی اپنی آنکھ اور اپنی نظر
زہد خشک و رِندِ خوش انجام کیا
ہیں اسیرانِ چمن بے بال و پر
اک نوائے مرغِ زیرِ دام کیا
یہ بھی قدرت کا ہے شاید انتقام
ورنہ دشمن سے ہمارا کام کیا
نور کا جس جا نہیں کوئی گذر
خانۂ دل میں خوشی کا کام کیا
شورِ نقّارہ میں ہے طوطی بسکاؤں
شاعری پیغام کیا الہام کیا
کیسے کشتِ آرزو پھولے پھلے
جل نہ جائے فصلِ بے ہنگام کیا
حیف صاحبؔ اپنی محرومی پہ حیف
جو نہ بن جائے کفن احرام کیا

آتش بے نام ۳۵ صاحب حیدرآبادی

○

۱۷ راگست سنہ ۱۹۸۱ء

کسی کی یاد پھر آئی برابر
رہی ہے یاد فرمائی برابر
نہ پلٹا پھر کبھی روزِ مسرت
شبِ غم لوٹ کر آئی برابر
زمانے نے بہت لیں کروٹیں پر
کھڑی ہے شامِ تنہائی برابر
کسی کی قامتِ بالانے سر پر
قیامت روز اک ڈھائی برابر
شبِ غم منجمد اپنی جگہ ہے
دعاؤں کی پذیرائی برابر
ہزاروں چاند سورج مٹ چکے ہیں
وہی ہے جلوہ آرائی برابر
بفیضِ ہمتِ فرہاد صاحبؔ
بنا پربت بھی اک رائی برابر

○

۲۲ راگست سنہ ۱۹۸۱ء

زندگانی ملی بھی تو فانی ملی
کب کوئی شئے یہاں جاودانی ملی

ان کی پلکوں کو جادو کے سایے ملے
اِن کے ہونٹوں کو جادو بیانی ملی
مہکے اشعار سب پھول بن کر مرے
مثلِ بلبل مجھے نوحہ خوانی ملی
چار دن کے لئے دی گئی زندگی
دو گھڑی کے لیے نوجوانی ملی
تیشۂ عشق نے جانِ فرہاد لی
لکھنے والوں کو رنگیں کہانی ملی
مہرِ روشن بنا داغِ عشقِ بتاں
بے نشانوں کو ایسی نشانی ملی
لکھی جب بھی تری مدح اے بحرِ حسن
مثلِ دریا قلم کو روانی ملی
راہِ الفت میں کتنے مٹے راہ رو
زندگی کو نئی زندگانی ملی
خونِ دل مشک بن کر جلاتے نہیں
صاحبؔ ایسی مجھے خوش بیانی ملی

○

۲۳ / اگست ۱۹۸۱ء

شبِ غم ہم رہے بیتاب کتنے
ہوئے اشکِ گہر بے آب کتنے

بفیضِ ہمتِ مردانہ اکثر
کھلے فتح و ظفر کے باب کتنے

وہ جب چاہے تو پھر کیا دیر لگتی
بگڑ کر بن گئے اسباب کتنے

سرابِ دشت کی صورت بدل کر
نظر آئے سہانے خواب کتنے

ہوئے بے مایہ آگے سب کفن کے
حریر و مخمل و کمخواب کتنے

بہارِ بیخزاں ان پر تصدق
نہالِ زخم ہیں شاداب کتنے

گلستانِ جراحت کہئے دل کو
مہکتے ہیں یہاں مہتاب کتنے

یہاں سجدوں میں بھی ہے سرگرانی
کٹھن ہیں عشق کے آداب کتنے

اکیلے کیوں رہے رونے کو صاحبؔ
تمہارے چل بسے احباب کتنے

○

۲۳ اگست ۱۹۸۱ء

اس قدر حسن کے معیار کو رسوا نہ کرو
عشق کا عقل کے بازار میں سودا نہ کرو

حُسن تنویر سہی، آتشِ خاموش ہے عشق
حُسن کی طرح کبھی عشق کا چرچا نہ کرو

کرنا احسان کسی پر تو بھلانا بہتر
اس سے امید بھلائی کی بھی رکھا نہ کرو

کوئی ملتا ہے ملے، کوئی نہ چاہے نہ ملے
اس کی پرواہ نہ کرو، اس کی تمنا نہ کرو

دل لگی میں بھی کبھی دل پہ گری ہے بجلی
لوگ کہتے ہیں سنو آگ سے کھیلا نہ کرو

کچھ بھی حاصل نہیں جز گردِ کدورت صاحبؔ
دل سے آئینۂ روشن کو تو میلا نہ کرو

○

۲۴ر اگست سنہ ۱۹۸۱ء

نقشِ فریادی بنے باہم رہے
ہاتھ دونوں وقفِ صد ماتم رہے

پھر ہمیں کیوں فکرِ بیش و کم رہے
ہاں مگر حاصل تمہارا غم رہے

دامنِ ہستی ہے پھر بھی داغدار
خار پر گو مثلِ شبنم ہم رہے

یاد سے خالی نہ ہو کوئی نفس
جب تلک دم میں ہمارے دم رہے
تیرے دامن کا ہو جس کو آسرا
کیوں اسیرِ گردشِ پیہم رہے
مرا بالیں تر رہا ہے روز و شب
دامنِ مژگاں بھی تیرا نم رہے
تیرے غم کو بھی رہا ہم سے لگاؤ
رشتۂ دیرینہ مستحکم رہے
تیرے کاکل تیری زلفِ خم بہ خم
سب ہی ہم سے بے سبب برہم رہے
روزِ محشر بن گئی ایک ایک شب
اے فراقِ یار جب تک ہم رہے
وہ نہیں مونس تو صاحب کیا ہوا
اپنے مونس لاکھ درد و غم رہے

○

۲۵ راگست ۸۱ء

زمین آ اگر ہیں تو آسماں ہم ہیں
نہ جانے کونسی دنیا ہے وہ جہاں ہم ہیں

صاحب حیدرآبادی ۴۰ آتش بے نام

گھرے بھنور میں میانہ روی کو اپنا کر
حیات و موت کے دھاروں کے درمیاں ہم ہیں
سموم دشت میں ہیں، گلستاں میں بوئے گل
یہاں بھی ہم ہیں وہاں بھی رواں دواں ہم ہیں
ہماری شعلہ نوائی کی دھوم ہے ہر جا
جہاں بھی زخم دہاں ہے وہاں زباں ہم ہیں
درازدستیٔ گلچیں سے کیا بگڑتا ہے
بھری بہار میں پروردۂ خزاں ہم ہیں
ورق ورق پہ رقم ایک درس عبرت ہے
چمن میں پیرہن گل کی دھجیاں ہم ہیں
نہ پاسداریٔ مہر و وفا نہ بذل و عطا
خلا سے کیا یہی صاحبؔ کہو کہاں ہم ہیں

○

۳ ستمبر ۱۹۸۱ء

گویا دہان زخم بنا تن بدن تمام
کی تو نے ان سنی تو ہوا ہر سخن تمام
غنچے شہید، لالہ و گل کے چراغ گل
مقتل بنا ہوا ہے ہمارا چمن تمام

آتشِ بے نام

۴۳

صاحب حیدرآبادی

بلبل کہ مشت پر تفس رنگ ہے ضرور
گل کو بغور دیکھ کہ ہے پیرہن تمام

پہلے ہی ہم سے اٹھ گئے بزم نشاط سے
یارانِ رفتہ پی کے شراب کہن تمام

اک عمر ہم نے تیرے تغافل کی نذر کی
دیکھا جو تو نے مٹ گئے رنج و محن تمام

پھر بھی جمالِ یار کا نقشہ نہ کھنچ سکا
ہر چند اس میں صرف ہوا فکر و فن تمام

بیخود رہا ہوں جس کی ہوا سے تمام عمر
ہے زلفِ یار نافۂ مشکِ ختن تمام

رعنائی جمالِ قدِ یار دیکھ کر
میری غزل نے لوٹ لیا بانکپن تمام

بس اک ہوا ہے کچھ نہیں سر میں حباب کے
صاحبؔ لباسِ گل میں ہیں ہم بھی کفن تمام

○

۴ ستمبر ۱۹۸۱ء

ہونے نہ پائی اپنی شبِ غم کبھی تمام
یوں رفتہ رفتہ ختم ہوئی زندگی تمام

حاصل تھی حسرتوں کو خوشی انتظار کی
ہم تو رہینِ غم ہی رہے زندگی تمام
کب تک سنائیں حرف و حکایات خونچکاں
کیا داستانِ عشق ہوئی ہے کبھی تمام
آنکھوں میں اور دلوں میں ترے رخ کا نور ہے
پھیلی ہے تمام تری روشنی تمام
کہنے نہ پائے ان سے جو کہنے کی بات تھی
صاحبؔ یہی ملال رہا زندگی تمام

○

۶ ستمبر ۱۹۸۱ء

گزری حقیقتوں کا فسانہ نظر میں ہے
تیرے شباب کا بھی زمانہ نظر میں ہے
لوٹی ہے دستبردِ زمانہ نے ہر خوشی
ان ہی مسرتوں کا خزانہ نظر میں ہے
بھولی نہیں انہیں بھی وہ مشقِ ستم کی بات
میرے دلِ حزیں کا نشانہ نظر میں ہے
ملتے ہوئے بھی اور بچھڑتے بھی یہ ستم
رونا خوشی کا، اشک بہانہ نظر میں ہے

چھوڑا تھا جس وجہ سے مری زندگی نے ساتھ
صاحبؔ وہ مصلحت، وہ بہانہ نظر میں ہے

○

۹ ستمبر ۱۹۸۱ء

یہ آہ و نالۂ شب بے اثر سا لگتا ہے
جسے خبر ہے وہی بے خبر سا لگتا ہے
دلِ خراب ہے مانندِ مسجد ویراں
خدا کا گھر بھی مجھے اپنا گھر سا لگتا ہے
سراب اپنے ہی اندر ہے دور کیوں جائیں
ہمارا اشک بھی ہم کو گہر سا لگتا ہے
کسی کا بوٹا سا قد بھی ہے فتنۂ محشر
جو دیکھئے تو بہت مختصر سا لگتا ہے
وہ جانے گھاؤ کو جو کوئی اس کا گھائل ہو
کسی کا تیرِ نظر بے ضرر سا لگتا ہے
اگرچہ چھوٹ کے اس سر سے مدتیں گزری
خیال آئے تو دل پر تبر سا لگتا ہے
دلیلِ جہل ہے صاحبؔ کمالِ فن کا غرور
جو عیب ہوتا ہے وہ بھی ہنر سا لگتا ہے

۱۲ ستمبر ۱۹۸۱ء

شبِ وصال کی آنکھوں میں خواب ہیں کیا کیا
دلِ حزیں کے لیے اضطراب ہیں کیا کیا
ترے شباب کے مست شراب ہیں کیا کیا
خراب دہر میں خانہ خراب ہیں کیا کیا
کبھی ہے عذر حنا کا کبھی ہے خواب کا عذر
سوالِ وصل پہ رنگیں جواب ہیں کیا کیا
ہزار اشک بہے پر بھی حسرتیں نہ مٹیں
نہ جانے لعل و گہر زیرِ آب ہیں کیا کیا
کبھی تبسّمِ لب اور کبھی ہے چینِ جبیں
یہ روز و شب ہیں اگر انقلاب ہیں کیا کیا
جلے ہیں ساتھ، شبِ غم کے داغہائے فراق
برائے روزِ جزا آفتاب ہیں کیا کیا
اندھیری شب کی صعوبت تو ساتھ ہے صاحبؔ
نہ جانے حشر سے پہلے عذاب ہیں کیا کیا

۱۳ ستمبر ۱۹۸۱ء

بتا تغافلِ بیجا کی کیا علامت ہے
یہ دوستی ہے، عداوت ہے یا محبت ہے

بنا دیا ہے اسے جُرم یار لوگوں نے
وگرنہ عشق تو دستورِ عینِ فطرت ہے

بنامِ شعر چمن میں کھلے ہیں وہ گُل بھی
نہ رنگ روپ ہے جن میں نہ کوئی نکہت ہے

عزیز جان سے بڑھ کر ہے دشمنِ جانی
یہ آئینے کے ہیں دو رُخ خدا کی قدرت ہے

شبِ فراق کی بیخواب چشمِ تیرہ کو
لحد کی نیند ہی گویا کہ خوابِ راحت ہے

چرانا آنکھ مرے دل چرانے والے، ترا
بدن چرائے گذرنا بھی اک قیامت ہے

جو دل کہ آئینہ صورت بنا تھا اے صاحبؔ
اسی میں بُغض ہے، کینہ بھی ہے، کدورت ہے

○

۱۳ر ستمبر سنہ ۱۹۸۱ء

کب کوئی پشت پناہی پہ یہاں تھا، اپنا
ابلقِ گردشِ ایّام نے رہنے نہ دیا

پی گئے کتنے ہی خُمِ عشقِ بتاں کے پیہم
بتکدے میں ہوسِ خام نے رہنے نہ دیا

پاس تھے چاند کے تارے کی طرح ہم بیٹھے
ہمنشیں گردشِ ایام نے رہنے نہ دیا
سانس کی طرح رہا رابطۂ شمع و پتنگ
تجھ سے غافل مرے انجام نے رہنے نہ دیا
جا کے لیٹے تھے لحد میں کہ ہوا حشر بپا
دو گھڑی چین سے آلام نے رہنے نہ دیا
ذات میں اس کی فنا ہو گیا صاحبؔ ورنہ
نام کو میرے، مرے نام نے رہنے نہ دیا

○

۱۳ ستمبر ۱۹۸۱ء

کوئی ارماں دلی، دل سے نکلنے نہ دیا
یاس پیہم نے کبھی ہم کو سنبھلنے نہ دیا
یاد آکر تری سیلاب تو لاتی ہے، مگر
ہم نے پلکوں پہ بھی اشکوں کو مچلنے نہ دیا
ایک کروٹ ہی رہی زیست ہماری دائم
ہجر کی رات نے پہلو بھی بدلنے نہ دیا
اس کی مرضی ہی پہ موقوف تھی میری مرضی
میری مرضی کو مرے یار نے چلنے نہ دیا

اشکِ شبنم نے بھرا دامنِ گل اور ہم نے
اشک ڈھلکائے بنا رات کو ڈھلنے نہ دیا
میرے اشعار میں ہیں آپ کے نامے کے جواب
شدتِ غم نے قلم کو مرے چلنے نہ دیا
مرگئیں گھٹ کے تمنائیں ہماری صاحبؔ
دوریٔ شمع نے پروانے کو جلنے نہ دیا

○

۱۴؍ ستمبر ۱۹۸۱ء

بھر دیا مستی کو پیمانے سے پیمانے میں
کس نے آنکھوں سے پلادی مجھے انجانے میں
تذکرے کوچہ و بازار میں، قحطِ مئے کے
بھیڑ سی بھیڑ لگی رہتی ہے میخانے میں
ہم کو دُردی کشِ آلام بنائے رکھا
یعنی تلچھٹ ہی بچی وقت کے پیمانے میں
نذر گیسوئے پریشاں کی نہ کرتا کیونکر
ہوش کچھ ہوتے اگر آپ کے دیوانے میں
پرتوِ حسن و جمالِ رُخِ گلگوں نے ترے
عشق کی آگ لگا دی مرے پیمانے میں

آگ اور خون کی ہولی ہے جہاں کا معمول
اب کشش بھی نہ رہی درد کے افسانے میں
باغباں روئے خجالت کو چھپائے ہے برق
لوگ ماہر ہیں بہت آگ کے برسانے میں
ہر طرح وعدہ خلافی کی تلافی کر دی
لطف کچھ اور ہی تھا بھول کے آجانے میں
آپ آئے تو دلِ زار کو جھٹکا سا لگا
بجلیاں کوند رہی ہیں مرے کاشانے میں
موت کے منہ سے چھڑا کر مرے لانے والے
تو نے کیوں چھوڑ دیا پھر مجھے ویرانے میں
اُف یہ سیلاب، یہ طوفان، حوادث صاحبؔ
کیوں نہ حاصل ہو سکوں ڈوب کے مر جانے میں

۱۴ ستمبر ۱۹۸۱ء

ہوئے ہیں گرمِ سفر ہمسفر نہیں ملتا
کوئی خضر بھی سرِ رہ گذر نہیں ملتا
ملے ہیں میکدۂ عشق میں سبھی مدہوش
تلاش جس کی ہے وہ باخبر نہیں ملتا

ہجومِ بادہ گساراں میں کیوں ہے تحطِ رجال
صدف تو ملتے ہیں لیکن گہر نہیں ملتا

وہیں پہ دید کے قابل ہے اپنی گم شدگی
جو ہم سے مل کے وہ بیداد گر نہیں ملتا

بنے تو کیسے بنے آب و سنگ کا تحلول
میں کیا کروں کہ دعا میں اثر نہیں ملتا

کبھی تو ذاتِ خدا مل گئی ہے گھر بیٹھے
کبھی تو ہمکو ہمارا ہی گھر نہیں ملتا

تم اپنے آپ سے ملنے نہ پائے جب صاحبؔ
تو کیوں ملال ہے وہ بُت اگر نہیں ملتا

○

۲۵ر ستمبر ۱۹۸۱ء

حُسن کی سادگی پہ مرتے ہیں
مرنے والے تمہی پہ مرتے ہیں

عمر بھر رنج کھینچنے والے
آپ ہی کی خوشی پہ مرتے ہیں

ہم بھی فانی جہاں بھی ہے فانی
اس لیۓ چاندنی پہ مرتے ہیں

یاد آتی ہے جو رلانے کو
آپ کی اس ہنسی پہ مرتے ہیں

نورِ شمعِ ازل سے پروانے
حُسن کی روشنی پہ مرتے ہیں

گردِ دامن کی طرح جھاڑ دیا
پھر بھی وابستگی پہ مرتے ہیں

آشیاں جل بجھا ترے صدقے
تیری اس خاموشی پہ مرتے ہیں

خوش ہوئے ہیں جلی کٹی سن کر
یار کی دشمنی پہ مرتے ہیں

دے دیا دردِ بیکراں تو نے
تیری دریا دلی پہ مرتے ہیں

چشمِ نم نے بتا دیا صاحبؔ
آپ بھی تو کسی پہ مرتے ہیں

○

۲۵ر ستمبر ۱۹۸۱ء

دیارِ دل کا دھڑکتا ہوا پیام نہیں
نسیمِ صبح کے ہاتھوں ترا سلام نہیں

چھپے ہیں جا کے کہاں ہوشانِ بزمِ نشاط
چمن میں کبکِ دری کا بھی اب خرام نہیں
ہم ایسی فوج ہیں جس کا نہیں کوئی سالار
صفیں ہیں ایسی کہ جن کا کوئی امام نہیں
ہمارے دل سے لگی ہے چراغِ حسن کی لو
سمائے سر میں جو دُھن وہ خیالِ خام نہیں
سکون دل کو میسّر ہو دو گھڑی کے لیے
دیارِ عشق میں ایسا کوئی مقام نہیں
ازل سے جو بھی لکھا لائے تھے ملا صاحبؔ
عطائے دردِ محبت ہر اک پہ عام نہیں

○

۲۸ ستمبر سنہ ۱۹۸۱ء

بے زبانی زبانِ خاموشی
عشق ہے امتحانِ خاموشی
غنچۂ لب ہے آپ کا گویا
سر بسر اک جہانِ خاموشی
گنگ کیونکر نہ ہو زباں اپنی
سر پہ ہے آسمانِ خاموشی

۵۲

ہیں شبِ غم ہول کے یہ جھونکے
سسکیاں درمیانِ خاموشی

بعدِ مُردن ہی خاک میں مل کر
مل گئی ہے امانِ خاموشی

کشتیٔ عمر کے لیے اے دوست
بادباں ہے فغانِ خاموشی

کتبۂ قبر نام ہے جس کا
وہ بھی ہے اک نشانِ خاموشی

زندگی کا وقارِ عافیت
عافیت ارمغانِ خاموشی

مختصر چاہیے سخن صاحب
داستاں ہے بیانِ خاموشی

۳۰ ستمبر ۱۹۸۱ء

جُدا ہم کو نہ کرنا تھا نہ کرتے
تم آغوشِ وداعی وا نہ کرتے

طوافِ نرگسِ مستانہ کرتے
دلِ دیوانہ کو پروانہ کرتے

ستارے توڑ کر لاتے فلک سے
تمہارے واسطے کیا کیا نہ کرتے
خبر کیا تھی بنیں گے چشم دریا
تماشائے لبِ دریا نہ کرتے
دلِ وحشی نہ کھوتا ہوش اپنے
مگر تم اس طرح دیکھا نہ کرتے
تعجب کیا سرافرازانِ الفت
زمانے کی اگر پروا نہ کرتے
کیا ترکِ تعلق آپ ہی نے
کبھی ہم جیتے جی ایسا نہ کرتے
چراغِ طور پر غش ہو کے صاحبؔ
مذاقِ دید کو رسوا نہ کرتے

○

۳۰ ستمبر ۱۹۸۱ء
تعلق تم جو مستحکم نہ کرتے
بچھڑنے پر بھی ہم ماتم نہ کرتے
محبت کی حدیں خود ہی بڑھائیں
بڑھا کر بات کو یوں کم نہ کرتے

محبت کا یقیں اپنی دلاکر
مجھے اپنا شریک غم نہ کرتے
مری آغوش میں آنسو بہاکر
مرے بالیں کو دائم نم نہ کرتے
شب ہجراں کی ساری تلخیوں سے
شراب زندگی کو سم نہ کرتے
تری مرضی سے تھے مجبور ورنہ
کسی کے آگے ہم سر خم نہ کرتے
رہے تھے جب ہمارے رام ہوکر
غزالاں کی طرح پھر رم نہ کرتے
خدا شاہد ہے صاحبؔ صاف کہہ دوں
کیا جو آپ نے وہ ہم نہ کرتے

○

۱۰ر اکتوبر ۱۹۸۱ء

تیر کھانے کا وقت آیا ہے
مسکرانے کا وقت آیا ہے
گرتی دیوار ہے صف دشمن
فتح پانے کا وقت آیا ہے

آگ اور خون کے اُجالوں میں
دھن کمانے کا وقت آیا ہے
خنجرِ ظلم ہے رگِ جاں پر
زخم کھانے کا وقت آیا ہے
شامِ غم دیکھ یہ نمودِ سحر
تیرے جلنے کا وقت آیا ہے
ہر ستم ہو گیا رَو اہم پر
داد پانے کا وقت آیا ہے
قصرِ فرعون کی ہے آرائش
اس کے ڈھانے کا وقت آیا ہے
ظلم کی ناؤ کے لئے صاحبؔ
ڈوب جانے کا وقت آیا ہے

○

۱۰ اکتوبر ۱۹۸۱ء
خوش خصالوں پہ وقت آیا ہے
بے مثالوں پہ وقت آیا ہے
جامِ سقراط ہم بھی پی لیں گے
باکمالوں پہ وقت آیا ہے

غنچہ ہائے چمن شہید ہوئے
نونہالوں پہ وقت آیا ہے
دشت و در میں اماں نہیں ان کو
کیا غزالوں پہ وقت آیا ہے
جسم کے ڈھیر مصر کے بازار
حُسن والوں پہ وقت آیا ہے
قتل ہوتے رہے ہیں پیغمبر
سب اجالوں پہ وقت آیا ہے
دھول اب بیچتے ہیں وہ صاحبؔ
پھول والوں پہ وقت آیا ہے

○

۱۸ اکتوبر ۱۹۸۱ء

وصل کی شب بن گئی ہے میری خلوت آفتاب
یاالٰہی اب نہ نکلے تاقیامت آفتاب
شعلۂ برقِ تپاں ہے جس طرح سے نور نور
سر سے پاؤں تک ہے میرا ماہِ طلعت آفتاب
جلوہ گر جب ہو گیا ہے بام پر ماہِ تمام
پردۂ شب میں چھپا ہے لے کے خصت آفتاب

چہرۂ انور ہے گویا آپ ہی اپنی مثال
آپ کے نقشِ کفِ پا کی ہے قیمت آفتاب

وصل کی شب کتنے جلوؤں کی بہاروں کا ظہور
ایک جلوے کی ہے بس یہ ایک صورت آفتاب

عشق نے خالی خیالِ غیر سے دل کو کیا
مثلِ آئینہ نہیں رکھتا کدورت آفتاب

بن گئی رشکِ قمر صاحبؔ مری شامِ فراق
جلوہ گر ہے مرے گھر میں سرو قامت آفتاب

○

۳۱؍ اکتوبر ۱۹۸۱ء

نہ بات کی نہ کوئی بات میری کی منظور
ہے میرے یار کو دشمن کی ہر خوشی منظور

درِ مغاں نے جہاں فیض اپنا بند کیا
وہیں سراب کو تھی اپنی تشنگی منظور

مجالِ حرف نہیں، یہ مگر حقیقت ہے
ترے بغیر نہ تھی ہم کو زندگی منظور

خوشی بغیر جئے ساری زندگی صاحبؔ
کسی کی اس میں خوشی تھی وہ ہم نے کی منظور

۲۱؍اکتوبر ۱۹۸۱ء

دیتے ہیں اگر رنج تو ہوتی ہے خوشی اور
بڑھتی چلی اے دل تری ایذا طلبی اور

زہراب پلاتے بھی ہیں اور کہتے ہیں پی اور
مرنے بھی نہیں دیتے کہے جاتے ہیں جی اور

اے اشکِ رواں نورِ نظر نورِ سحر دے
بجھنے کو ہوا ایک چراغِ سحری اور

جن آنکھوں سے پیتا ہوں نشہ اور ہے اس کا
ہے دل کا نگیں اور تو شیشے کی پری اور

کتنے ہی چمن زار ہیں پامالِ خبر روز
اے آہِ سحر سجدۂ پیرانہ سری اور

تم کو تو تظلم کا سلیقہ بھی نہ آیا
سائل کو دئے جاتا ہے ہر آن سخی اور

دیکھو گے جو صاحب کو تو کیا جان سکو گے
صدیوں کی جدائی میں وہ صورت ہی بنی اور

۲۱؍اکتوبر ۱۹۸۱ء

اے غمِ عشق تو اظہار کے قابل تو نہیں
گوشِ اغیار کے بھر گوش میں کچھ دل تو نہیں

آئینہ دیکھ کے بیٹھے ہیں کبیدہ خاطر
میرا ٹوٹا ہوا دل ان کے مقابل تو نہیں

تیرے دامن کے لیے اشکِ گہر لایا ہوں
نذرِ نادار ہے یہ گو ترے قابل تو نہیں

رکھ کے شمشیر رگِ جاں پہ وہ میری اکثر
دیکھتے یہ ہیں کہیں موت سے غافل تو نہیں

لطف آتا ہے ستمگر کو ستم کرنے میں
جان لینی تھی اگر بات یہ مشکل تو نہیں

مجھ کو محروم مسرت سے کیا خوب کیا
بھیک کیوں مانگوں بھلا میں کوئی سائل تو نہیں

کیوں کھچا جاتا ہے پھر جانبِ رخ دل میرا
سب سویدا جسے کہتے ہیں ترا تِل تو نہیں

کتنے طوفان اٹھا کرتے ہیں اس میں شب و روز
بحرِ ذخار ہی کہیئے یہ مرا دل تو نہیں

سچ بتا مجھ کو ذرا اے ستم ایجاد فلک
جس کو کہتے ہیں شفق دامنِ قاتل تو نہیں

کشتۂ عشق ترا زندۂ جاوید ہوا
مرگ اک راہ گذر ہے کوئی منزل تو نہیں

ہے سرا پردۂ صد جلوۂ جاناں صاحبؔ
پردۂ چشم مرا پردۂ محمل تو نہیں

آتش بے نام ۶۰ صاحب حیدرآبادی

○

۲۴ ؍ اکتوبر ۱۹۸۱ء

یقیں محکم ہوا وہم و گماں سے
خدا مل جائے گا عشقِ بتاں سے
ہوا اقرار الفت کا زباں سے
گری اک اور بجلی آسماں سے
لبِ شیریں ہے اعجازِ مسیحا
زباں کا سحر ہے حسنِ بیاں سے
وہی تیرے گدا کو تجھ سے نسبت
جو نسبت سنگِ در کو آستاں سے
مکینِ دل سے الفت کا چھپانا
چھپانا راز کا ہے رازداں سے
خلوصِ فن کا ہے معیار گویا
کرے اقرار دشمن بھی زبان سے
بھروسہ خاک اس پہ ہو سکے گا
عمل ہو مختلف جس کا بیاں سے
ہوئی بیداد، دادِ سخت جانی
گذرتے روز ہیں اک امتحاں سے
خدا ہے ناخدا کشتی کا صاحبؔ
ہمیں کیا کام بادوباداں سے

○

۲۶ر اکتوبر ۱۹۸۱ء

اب وفا کا کوئی شعار بھی ہے
یاں کسی سے کسی کو پیار بھی ہے

اک جہاں گوشہ مزار بھی ہے
دل کو حاصل کہیں قرار بھی ہے

سوزِ پنہاں سے چشم ہے پُرنم
رازِ الفت کا آشکار بھی ہے

زہر کی طرح زندگی اے دوست
بادۂ تلخ و خوش گوار بھی ہے

ضبطِ غم ہو کہاں تلک ہمدم
دامنِ صبر تار تار بھی ہے

حسرتیں لاکھ ہوں مگر، کوئی
لائقِ التفاتِ یار بھی ہے

چاہنے والے یوں بکسے صاحبؔ
تیرا دنیا میں کوئی یار بھی ہے

○

۳۰ر اکتوبر ۱۹۸۱ء

عشق کی راہ میں کچھ غم نہیں سر جانے کا
راستہ ہے یہی منزل سے گذر جانے کا

مژدہ لائے ہیں مرے شام و سحر جانے کا
وقت آ پہنچا ہے اب لوٹ کے گھر جانے کا
نام لیتا کہیں دریا ہے ٹھہر جانے کا
درس ہے ڈوبنے والے کو ابھر جانے کا
میرے احباب سے یہ فن کوئی سیکھے ہمدم
لاش پر بیٹھ کے اس پار اُتر جانے کا
دارِ فانی کی تو ہر چیز ہے آنی جانی
ہے بُرا وقت سو وہ بھی ہے گذر جانے کا
ان کی روئی ہوئی آنکھوں کا حسیں نظارہ
جیسے منظر کسی دریا کے اُتر جانے کا
پُرسکوں مرگِ غریب الوطنی ہے صاحب
بیکسی کو ہے فقط غم ترے مرجانے کا

○

یکم نومبر ۱۹۸۱ء

کب تک ہونگے جھوٹے دلاسے
آنکھ بھی پیاسی ہونٹ بھی پیاسے
ہم نے تم پر جان لٹا دی
ہم سے کیوں رہتے ہو خفا سے

راہِ وفا میں مات شما کیا
قتل ہوئے احمدؐ کے نواسے
چشمِ تمنا نام ہے جن کا
دونوں میکش خون کے پیاسے
غیرِ خدا سے مانگنے والے
کچھ تو حیا کر اپنے خدا سے
بھیک ترے دیدار کی مانگیں
ایک نہیں یہ دو دو کاسے
کس کو پروا کیا ہے، صاحبؔ
مرتا ہے مر جائے بلا سے

○

۳ر نومبر ۱۹۸۱ء

میرے مستِ خرام کی باتیں
جیسے مینا و جام کی باتیں
مثلِ یک تیرِ نیمکش دل میں
ہیں غمِ ناتمام کی باتیں
حلقہ گوشِ ماہ و انجم ہیں
میرے ماہِ تمام کی باتیں

اک زمانہ ہے گوش بر آواز
کام آتی ہیں کام کی باتیں
لوحِ تاریخ پر لکھی ہوں گی
وقت کے انتقام کی باتیں
صاحبانِ مقام ہی جانیں
صاحبانِ مقام کی باتیں
حشر کی صبح تم بھی اے صاحبؔ
بھول جاؤ گے شام کی باتیں

○

۱۱ر نومبر ۱۹۸۱ء

دونوں آنکھیں دھواں دھواں ہیں اب
قافلے راہ پر رواں ہیں اب
رشکِ بازارِ مصر تھا یہ شہر
ہائے وہ صورتیں کہاں ہیں اب
دیکھ جاتے تھے جو بہانے سے
چاہنے والے وہ کہاں ہیں اب
گُلِ عارض، یہ زلف کے سایے
چاند بدلی میں دو نہاں ہیں اب

تھے کبھی یہ محل مسرت کے
جو کھنڈر ہیں وہی نشاں ہیں اب
پوچھنا اس کے روز و شب کا کیا؟
جس پہ سانسیں بھی خود گراں ہیں اب
مختلف رنگ ایسے ہیں دونوں
روز و شب جیسے دو جہاں ہیں اب
جسم اور جان سے تہی ہو جب
دو حجابات درمیاں ہیں اب
تھیں جواب تک حقیقتیں صاحبؔ
تذکرے ان کے کیوں گراں ہیں اب

○

۱۲ر نومبر ۱۹۸۱ء

اب دل میں نام کو بھی کہیں آرزو نہیں
ملتے بھی ہیں تو رسم و رہِ گفتگو نہیں
تصویر کاغذی تری، جس طرح تو نہیں
حسرت کا میری نام مری آرزو نہیں
سوزِ غم کی ہے ایک تلافی تری نظر
کہتا ہے کون چاکِ جگر کا رفو نہیں

ملنا طلب بغیر کسی سے، نہیں قبول
اے چشمِ ناز ایسی ہماری بھی خُو نہیں

ہجراں میں تلخئ غم آلام گھول کر
دن رات شغلِ مئے تو ہے جام و سُبو نہیں

معشوق بیوفا سہی، معشوق ہی تو ہے
کاغذ کا پھول، پھول تو ہے گرچہ بُو نہیں

جب دیکھئے تو دیدۂ پُر نم ہی دیکھئے
ذکرِ حبیب، صاحب دل بے وضو نہیں

○

۱۲ر نومبر ۱۹۸۱ء

غم کسی عنوان بدلتا ہی نہیں
حشر کا دن ہے کہ ڈھلتا ہی نہیں

اب بتوں کے دل بھی پتھر ہو گئے
آہ سے کچھ کام چلتا ہی نہیں

موم ہوتا سنگ بھی ہوتا اگر
جل بجھے ہم تو پگھلتا ہی نہیں

ہم سے کوئے یار صاحب کیا چھُٹا
دل کسی جا پر بہلتا ہی نہیں

○

۱۴ نومبر ۱۹۸۱ء

زندگی تلخ و ناگوار ہے اب
اک خزاں ہی سدا بہار ہے اب

ہر شرف اب ہے موجبِ تشنیع
ہر سعادت ذلیل و خوار ہے اب

ہے سفیہوں کے واسطے اکرام
سرفرازوں کو اوجِ دار ہے اب

یہ سخن گستری سخن سنجی
بوم ہم رتبۂ ہزار ہے اب

عافیت اُٹھ چکی ہے دنیا سے
گھر بھی میدانِ کارزار ہے اب

اک دلاور فگار[1] کیا صاحبؔ
دل جہاں پر بھی ہے فگار ہے اب

○

۱۴ نومبر ۱۹۸۱ء

بزمِ طرب میں عیش نہ آرام رہ گیا
دل ٹوٹ کر بشکلِ تہی جام رہ گیا

ع۱ مشہور طنز نگار شاعر پاکستان

جتنے صفیرِ گُل تھے چمن سے پرے ہوئے
اک مرغِ نیمجاں کہ تہِ دام رہ گیا
دل میں دعائے خیر ہے اور لب پہ الاماں
اب زندگی میں اپنا یہی کام رہ گیا
شاعر سخن طراز غزلخواں نہیں رہے
لوحِ زمیں پہ ان کا مگر نام رہ گیا
دادِ سخن کی بات تو صاحبؔ الگ رہی
مشکل پسندیوں کا بس الزام رہ گیا

○

۱۶؍ نومبر ۱۹۸۱ء
ساری خوشی خیال کی نایاب ہو گئی
جب زندگی کو خواب کہا خواب ہو گئی
جب سے ہوئے ہیں اے لبِ جاں بخش ہم جُدا
شیرینیٔ حیات بھی زہراب ہو گئی
اے ناوکِ نگاہِ دل افروز دیکھنا
کھیتی نہالِ زخم کی شاداب ہو گئی
تیرے کرم کے ایک اشارے پہ رودِ نیل
تیرے مجاہدین پہ پایاب ہو گئی

پہرے ہیں دھڑکنوں پہ یہاں احتساب کے
دل کی امنگ تابعِ آداب ہو گئی

خالی ہوئے ہیں قلب و جگر میرے خون سے
اک بوند اشک کی دُرِ نایاب ہو گئی

اکثر بیادِ چشمِ غزالہ تمام شب
صاحبؔ کی آنکھ چشمۂ بے آب ہو گئی

○

۱۸ر نومبر ۱۹۸۱ء

پا لیا تم کو، کیا مقدر ہے
آج آپے سے کوئی باہر ہے

لبِ جاں بخش کا نشہ مت پوچھ
جو پسینہ ہے آتش تر ہے

سوزِ عشقِ بتاں بتائیں کیا
آگ ہی آگ کا سمندر ہے

کس سے کہئے کہ رات بھی دن بھی
صبحِ محشر ہے شامِ محشر ہے

جانے جیتے ہیں ہجر میں کیونکر
سانس لینی بھی گرچہ دوبھر ہے

روز کی موت اے معاذاللہ

موت کا ایک دن مقرر ہے
حالِ زار و نزار صاحبؔ کا
دیکھ لو تم اگر تو بہتر ہے

○

۸ ار نومبر ۱۹۸۱ء

یہاں پر عیش رہتا ہے نہ کچھ آرام رہتا ہے
جنہوں نے کام چھوڑا ہے انہی کا نام رہتا ہے
زمانہ ہم نوالہ ہم پیالہ ہے اسی دم تک
بھرا صہبا سے جب تک اپنے آگے جام رہتا ہے
بتایا ہے خردمندوں نے اس کو مرد آخر بیں
کہ جس کے سامنے آغاز کا انجام رہتا ہے
نہ کرنے والے پر تنقید کے خنجر نہیں چلتے
جو کچھ کرتا ہے اس کے سر پہ ہر الزام رہتا ہے

کلام خوب صاحبؔ، خوبتر نیکی سے ہے شاید
جبھی تو دیر پا دنیا میں اس کا نام رہتا ہے

جام پر جام جو اغیار پیئے بیٹھے ہیں
خون ارمانوں کا ہم اپنے کئے بیٹھے ہیں

حشر کے روز کو انصاف کا دن ٹھہرایا
ہم بھی تکیہ اسی وعدے پہ کئے بیٹھے ہیں

دل تو اُمید سے خالی نہیں ہونے پاتا
کب سے اک کاسۂ خالی کو لئے بیٹھے ہیں

جن کے اک ادنیٰ اشارے پہ بپا ہو محشر
ایسے دیوانے بھی اب ہونٹ سئے بیٹھے ہیں

دامنِ صبر مرے ہاتھ سے چھوٹا صاحبؔ
غیر کے ہاتھ میں وہ ہاتھ دیئے بیٹھے ہیں

○

۸ / نومبر ۱۹۸۱ء

یہ بلائیں نہیں ہیں ڈرنے کو
آئے ہیں ہم جہاں میں مرنے کو

دل بھی بھر آیا آنکھ بھی چھلکی
سر سے پانی ہے اب گذرنے کو

کیوں مسیحا کے در پہ جائے کوئی
موت جب ہے علاج کرنے کو

شاعری ذکرِ یار، یادِ خُدا
مشغلہ ہے یہ مست کرنے کو

دلِ شفاف میرا حاضر ہے
آئینہ چاہیئے سنورنے کو

اب میسر نہیں ہمیں ہیہات
یارِ دیرینہ بات کرنے کو

شانہ کش لاکھ کوئی ہو صاحبؔ
خم کاکل نہیں سنورنے کو

○

۱۹ر نومبر ۱۹۸۱ء

سیماب وار حالِ دلِ ناصبور ہے
جتنا قریب میں ہوں، تُو اتنا ہی دور ہے

مٹی کا اک دیا ہے یہ جسمِ فنا پذیر
جو شعلہ جل رہا ہے ازل کا وہ نور ہے

بچنا اگر ہے آتشِ دوزخ سے واعظا
عشقِ بتاں کی آگ میں جلنا ضرور ہے

ترکِ تعلقات کیا اس نے صاف صاف
دھوکے میں دل پڑا ہے تو کس کا قصور ہے

آتش بے نام ۷۴ صاحب حیدرآبادی

جس سے کہ میری خاک کا ذرّہ ہے کیمیا
وہ تیری اک نگاہ مجھے برقِ طور ہے
چشمِ حباب ہستیٔ ناپائیدار دیکھ
یہ کیا ہوا ہے سر میں یہ کیسا غرور ہے
خلوت گزیں ہوں صاحبؔ گمنام گرچہ میں
شہرت مرے کلام کی نزدیک و دور ہے

○

۲۰ نومبر ۱۹۸۱ء

پیار اگلا سا اب وہ چاؤ نہیں
بات بنتی نہیں بناؤ نہیں
اپنے پیچھے بلا لگاؤ نہیں
اس کے کوچے میں جاؤ آؤ نہیں
پھوٹی قسمت کو آزماؤ نہیں
ایسی بگڑی کا کچھ بناؤ نہیں
رنگ چہرے کا اُڑ کے کہتا ہے
راز کھل جائے گا چھپاؤ نہیں
ہے جہاں آزمودہ آدم سے
آزمودہ کو آزماؤ نہیں

مسکراہٹ کی اوٹ میں صاحبؔ
دل کے زخموں کو تم چھپاؤ نہیں

○

۲۶ر نومبر ۱۹۸۱ء

اگر ہے چاہ تو اس کی کوئی اساس رہے
وجودِ گل کا تقاضہ ہے کچھ تو باس رہے
دریدہ دامنِ گل کا لئے لباس رہے
اداس صحنِ چمن سے گئے اداس رہے
منانے جشن، جدائی کا درد لے آئے
وہ میرے پاس تھے لیکن بہت اداس رہے
ہم ایکدوسرے کی بے بسی کو بھانپ گئے
میں ان کا اور وہ میرے اداشناس رہے
کسی کو دل کی جو مانگی مُراد مل جائے
خوشی میں اس کی بھلا کس کو التباس رہے
سکون، سجدۂ شکرانہ کرکے خاک ملا
خمیرِ آدمِ خاکی ہے ناسپاس رہے
جُدا ہیں گرچہ زمانے کے جبر سے دو جسم
دلوں کی خیر ہو یارب کہ دونوں پاس رہے

نہ روک ٹوک نہ تعزیر دستِ قاتل پر
جو بے گناہ یہاں تھے وہ بدحواس رہے
نہ باشتیں نہ چھینیں خوشخرامیوں سے بھی
لبادہ اوڑھ کے آئے تھے بے لباس رہے
بغیر آس کے جینا محال ہوتا ہے
درِ کریم سے وابستہ میری آس رہے
بڑے بڑوں کو ملا سخت ابتلأ صاحبؔ
تمام عمر ہی غالبؔ رہینِ یاس رہے

O

۳۰ ردسمبر ۱۹۸۱ء

ہر رنگ کائنات میں ہے التفات کا
ان کی نظر بھی ایک سلیقہ ہے بات کا
دامانِ چرخ جیسے منوّر نجوم سے
رشتہ ہے آنسوؤں سے مرے میری بات کا
بن جاؤ گر خضر ؑ سفرِ زندگی میں تم
ہو زہر میں بھی ذائقہ قند و نبات کا
منصور کی طرح سے صدائیں نہوں بلند
ادراک ہم کو چاہئیے اپنی ہی ذات کا

کیونکر نہ بے ثبات ہو پیمانِ ہر وفا
کس درجہ بے اساس ہے رشتہ حیات کا

ہم اپنے بحرِ اشک میں ڈوبیں تو پار ہوں
ہے ظلمتوں کی شب میں یہ رستہ نجات کا

صاحبؔ بنا ہوں عالمِ تصویر دیکھنا!
آئینہ سامنے ہے مرے شش جہات کا

○

یکم دسمبر ۱۹۸۱ء

ہجر میں آنکھ کا آنسو مری سوکھا ہی نہیں
جانے والے نے پلٹ کر کبھی پوچھا ہی نہیں

آتشِ عشق میں جل جل کے ہوئے خاک مگر
وہ سمجھتے ہیں کہ ہم نے انہیں چاہا ہی نہیں

اس کو بخشی گئی تنہائی عمرِ خضری
زندگی میں جسے جینے کی تمنا ہی نہیں

عشق کو ہوتی ہیں آنکھیں نہ خرد ہوتا ہے
آگ میں کود پڑا آگے کی سوچا ہی نہیں

دل کو بہلائیں تو کس چیز سے ہم بہلائیں
ساری دنیا میں کوئی آپ کے جیسا ہی نہیں

ہنسنے والے مری حالت پہ دو آنسو بھی گرا
درس عبرت بھی ہے یہ زیست تماشا ہی نہیں
دیکھنا حشر میں کیا اس کی تلافی ہوگی
کاسۂ عمر کا یہ زخم تو بھرتا ہی نہیں
جس کے پانے کے لیے ڈوب گئے ہم صاحبؔ
دُرِّ نایاب وہ مخزونۂ دریا ہی نہیں

○

یکم دسمبر سنہ ۱۹۸۱ء

صورتیں آنکھوں سے پوشیدہ نہیں
چشمِ ظاہر دیدۂ بینا نہیں
آپ جو چاہیں گے وہ ہو جائے گا
میری خواہش پر تو کچھ ہوتا نہیں
قصۂ ماضی وفاداری کی بات
یہ طریقہ اب زمانے کا نہیں
کیسے گذرے گی ہماری زندگی
اگلے وقتوں کی سی اب دنیا نہیں
ہے وہی مشقِ ستم اب بھی مگر
وہ کلیجہ اب وہ دل گردہ نہیں

محرمِ رازِ درونِ دل ہی تو ہے
اس سے کوئی بات پوشیدہ نہیں
ہے ازل کی دین صاحب دردِ عشق
مر بھی جائیں ہم تو چھٹکارا نہیں

○

۲/ دسمبر ۱۹۸۱ء

بھولے سے کبھی لب پہ مرا نام نہ آیا
جو صبح کا بھولا تھا وہ گھر شام نہ آیا
بالیں پہ مری وہ بُت خود کام نہ آیا
آنا ترا اے مرگ مرے کام نہ آیا
ہے کون خریدار مرے دل کا بجز عرش
ٹوٹے ہوئے شیشے کا یہاں دام نہ آیا
ہوں شمع کی تقدیر کہ شبنم کی ہوں قسمت
رونے کے سوا مجھ کو کوئی کام نہ آیا
جاں ہم نے اسی شخص کے قدموں پہ لٹا دی
ہمراہ جنازے کے جو دو گام نہ آیا
پہلو میں دھڑکتا ہوا وہ دل ہوں کہ جس کو
آغوشِ محبت میں بھی آرام نہ آیا

کیا دَور ہے کیا دور ہے اے گردشِ دوراں
ساقی کے بھی ہاتھوں میں یہاں جام نہ آیا
یونہی سی ہے کچھ اپنی بھی رودادِ محبت
پروانہ جلا شمع پہ الزام نہ آیا
گُلِ بَانگ تسلّی کو ترستا رہا صاحبؔ
اس غنچۂ لب بستہ کا پیغام نہ آیا

○

۱۶ر دسمبر ۱۹۸۱ء

دن ہے دیا تو رات ایسی ہے
زندگی بے ثبات ایسی ہے
جس کے آگے ہیں تلخ قند و نبات
لبِ شیریں کی بات ایسی ہے
سننے والوں کے دل ہوئے پانی
عشق کی واردات ایسی ہے
اس پہ قابو نہ زور کچھ اُس پر
موت ایسی، حیات ایسی ہے
کیوں نہ آتے کہ دل کی حالت ہی
لائقِ التفات ایسی ہے۔

روز اک پُل صراط سے گذری
اپنی راہِ نجات ایسی ہے
جان کہہ کر تجھے گنوا ڈالا
بیوفا تیری ذات ایسی ہے
اُس بُتِ بدگماں کو اے صاحبؔ
کیسے کہیئے کہ بات ایسی ہے

○

۲۳ر دسمبر سنہ ۱۹۸۱ء

نام چھلکا نہ کوئی پھول کھلا اب کے برس
جانے کس جرم کی پائی ہے سزا اب کے برس
خاک اور خون سے مہکی ہے فضا اب کے برس
جسم سے جان بھی رہتی ہے جدا اب کے برس
حیرتِ آئینہ ہیں اہلِ نظر کی آنکھیں
شرم سے گڑ گئے اربابِ وفا اب کے برس
خوب گلزار میں کھیلی گئی خوں کی ہولی
خوب گلچینوں نے ہاتھوں کو رنگا اب کے برس
دور کرنے کو شبِ غم کی سیاہی، شب بھر
برق بن بن کے گری سر پہ بلا اب کے برس

شعر و نغمات کے اس شہر کا عالم مت پوچھ
جیسے دوزخ کا نمونہ تھا سجا اب کے برس

کتنے ہی ایسے ہیں بے گور شہیدانِ وطن
چاند تاروں نے بُنی جن کی ردا اب کے برس

ہم ہی شائستۂ ہر رنج و محن ٹھہرے ہیں
یک رخی راستہ ہے زندانِ بلا اب کے برس

لوحِ تاریخ پہ محفوظ رہے گا ہر حرف
مکتبِ عشق میں وہ درس ملا اب کے برس

آہِ مظلوم کا باقی ہے فقط نام ہی نام
لٹکی لٹکی ہے خلاؤں میں دعا اب کے برس

ساری تفصیل کا اجمال ہے اتنا صاحب
جو کبھی اب تک نہ ہوا تھا وہ ہوا اب کے برس

○

۲۶ر دسمبر ۱۹۸۱ء

چار ہی دن کی چاندنی ہوتی
زندگی سر بسر خوشی ہوتی

تیری مرضی تری خوشی ہوتی
میرے شایانِ بندگی ہوتی

آپ میرے اگر ہوئے ہوتے
اس کی دنیا میں کیا کمی ہوتی

وصل میں ہم خوشی سے مر جاتے
کچھ عنایت جو آپ کی ہوتی

کلفتیں دور ہو گئی ہوتیں
داد بیداد کی جو دی ہوتی

اک تبسّم کلی کا کافی تھا
مختصر اپنی زندگی ہوتی

واقعی تم جو بھول ہی جاتے
جان پر میری بن گئی ہوتی

جذبِ الفت سے کھنچ کے آ جاتے
وہ مسّرت کچھ اور ہی ہوتی

جام پر جام تم دئیے جاتے
تشنگی جیسی تشنگی ہوتی

تُم جو صاحبؔ کے ہو گئے ہوتے
کس مزے سے گذر رہی ہوتی

○

۲۸ر دسمبر ۱۹۸۱ء

اندھیری رات کا جگنو ہی مان لو مجھکو
ضیاء جو مجھ میں ہے سورج کی روشنی تو نہیں

قدم قدم پہ بچھے خار آزمائش کے
گلوں کی سیج ہماری یہ زندگی تو نہیں

ہے دیر کیوں مرے مطلوب کے دلانے میں
خدا کے پاس کسی چیز کی کمی تو نہیں

چلا ہے ذکرِ خدا، ہر منفعت صاحبؔ
خدا فروشی ہے یارو یہ بندگی تو نہیں

○

۳ر جنوری ۱۹۸۲ء

روشن چراغِ طور ہے اور گھر دھواں دھواں
دل کی لگی سے دیدہ ہے بجھ کر دھواں دھواں

عبرت کی آنکھ ہو تو ہیں منظر دھواں دھواں
دنیا سراب، دشت کا پیکر دھواں دھواں

سوز مآلِ عشق کا کیا حال ہے نہ پوچھ
اشکِ گہر بھی نکلے ہیں بن کر دھواں دھواں

باقی ہے سخت جانیٔ قلب و جگر ہنوز
ٹکرا کے تیر اڑ گئے ہو کر دھواں دھواں

شامِ غمِ فراق نے گم کیں بصارتیں
اپنی نظر میں ہیں مہ و اختر دھواں دھواں

گرمِ سفر ہوں جانبِ منزل کچھ اس طرح
بن کر اُڑے ہیں راہ کے پتھر دھواں دھواں

لکھیں قلم نے ایسی حکایات خونچکاں
صاحبؔ ہے دردِ عشق کا دفتر دھواں دھواں

○

۵ / جنوری ۱۹۸۲ء

غم ہجر کا، ملنے کی خوشی یاد رہے گی
جو ہم نے اُٹھائی ہے سبھی یاد رہے گی

سر ڈھانک لیا ہم نے اگر کھل گئے پاؤں
اس جامۂ ہستی کی کمی یاد رہے گی

ٹوٹے ہیں کہیں ٹوٹ کے دو چاہنے والے!
یاروں کی مرے بوالعجبی یاد رہے گی

رخصت کے وہ ٹپکتے ہوئے موتی سرِ مژگاں
کھٹکی ہے جو ہیرے کی کنی یاد رہے گی
دنیا کا یہی طور ہے صاحبؔ کہ ہمیشہ
نیکی تو نہیں اس کو بدی یاد رہے گی

○

۱۰/جنوری ۱۹۸۲ء

ترے ستم کو جو تیرا کرم نہ جان سکے
وہ شخص لطفِ متاعِ الم نہ جان سکے
وفا بھی اور وفاؤں سے بیوفائی بھی
یہ راہ عشق کے ہم پیچ و خم نہ جان سکے
ملے تھے آپ یہ تمہید تھی جدائی کی
خوشی کے روپ میں ملتا ہے غم نہ جان سکے
ہمارے ہاتھ سے دامن چھڑا لیا تو نے
زمیں نکل گئی لیکن قدم نہ جان سکے
کسی کو ہم سے شکایت ہے بے نیازی کی
خدا کا حق بھی خدا کی قسم نہ جان سکے
کیا ہے جام کو سقراط کی طرح سے نوش
ملا ہے آبِ بقا میں یہ سم نہ جان سکے

علاج کیا ہے زمانے کی کم نگاہی کا
ہم اپنی حد میں کسی کو بھی کم نہ جان سکے
اٹھائے رنج قیامت کے روز و شب لیکن
جو راز غم میں تھا پنہاں وہ ہم نہ جان سکے
ہم اپنی مرگ سے غافل سدا رہے صاحبؔ
حیات باقی تھی دو اک قدم نہ جان سکے

○

۱۸؍جنوری سنہ ۱۹۸۲ء

اب مٹ چکا ہے تفرقہ نزدیک و دور کا
کیا پوچھتے ہو حال دلِ ناصبور کا
ہر زخم ہے چراغ گلستانِ طور کا
پروانہ ہوں میں روزِ ازل ہی سے نور کا
ہر شئے میں جب ظہور ہے اُس شمعِ نور کا
ظاہر کی آنکھ فرق ہے غیب و حضور کا
ناز و ادا و غمزہ و عشوہ ہو جو بھی ہو
ان کو روا ہے قتل دلِ بے قصور کا

جب طُور ہی فروغِ تجلّی سے جل اٹھا
پھر امتیازِ عشق میں کیوں نار و نور کا
کیونکر کھُلے گا حالِ دلِ زار آپ کا
یہ بھی تو جیسے علم ہے کشفِ قبور کا
صاحبؔ جمالِ یار کی نیرنگیاں نہ پوچھ
دل میں ہے طور آنکھ میں دریا ہے نور کا

۲۲ر جنوری سنہ ۱۹۸۲ء

کیا کام اپنا ایسوں سے کیا مدعا بنے
پھرتے ہیں اب تو بندے بھی یارب خدا بنے
چاہے جو تُو تو اپنا مقدر جُدا بنے
کوئی بنے سہارا کوئی آسرا بنے
یوں گم ہوئے کہ اپنی خبر پھر نہ مل سکی
دیکھو جمال یار کا ہم آئینہ بنے
تو جس کو چاہے ساتھ ہو نعلین کی طرح
تو جس کو چھوڑ جائے ترا نقشِ پا بنے
فرعون بھی تو فرشِ زمیں پر تھا سجدہ ریز
بندے کہاں حضورِ خدا ایسے خدا بنے

چینِ حیات ہجر ہے بعد وصال وصل
کیا جانیئے کہ اپنی محبت کا کیا بنے
ہیہات ہو گیا ہے مسیحا بھی دست کش
صاحب وہ زہر دے تو ہماری دوا بنے

○

۲۴ ؍ جنوری ۱۹۸۲ء

ہجر کی جانکنی کو کیا کہیئے
اس غمِ عاشقی کو کیا کہیئے
زخمِ دل کی ہنسی کو کیا کہیئے
اس خوشی ناخوشی کو کیا کہیئے
جو غریب الوطن وطن میں ہے
اُس کی اِس بیکسی کو کیا کہیئے
اپنی تقدیر میں ہیں لاکھ شکن
زلف کی برہمی کو کیا کہیئے
نقش سارے ادھورے چھوڑ گئی
فرصتِ رخصتِ زندگی کو کیا کہیئے
بے بصر کتنے آنکھ والے ہیں
عقل کی ابلہی کو کیا کہیئے

سامنے آکھڑی ہے فرعونی
عظمتِ بندگی کو کیا کہیے
موت انجامِ زندگی ہے مگر
موت سی زندگی کو کیا کہیے
اب بھی مرتے ہیں اک جفاجو پر
ہائے اس سادگی کو کیا کہیے
اشکِ خوں خشک ہی نہیں ہوتے
ان کی دریا دلی کو کیا کہیے
بحر بھی سوکھ کر سراب بنا
صاحبؔ اس تشنگی کو کیا کہیے

۴ر فروری ۱۹۸۲ء

تمہارا سایہ ہی بن کر میں ساتھ ساتھ رہوں
تمہارے ساتھ جیوں اور تمہارے ساتھ مروں
مزہ تو جب ہے کہ اُن کا اداشناس بنوں
ہزار ظلم سہوں مُنہ سے اُف تلک نہ کروں
میں اپنے چاند کا تارہ ہی بن کے کیوں نہ رہوں
گروں تو ہالۂ آغوش ہی میں کیوں نہ گروں

دیارِ عشق کی نیرنگئ ستم مت پوچھ
قریب آئیں وہ میرے، میں ان سے دور رہوں

تمام عمر بجئے موت میں جدائی کی
جو روز آتی ہے ملنے، میں اس سے خاک ڈروں

فلک کا جور کہوں یا ستم زمانے کا
کسی پہ کیسے میں الزام میرے یار دھروں

رہی ہے آس رمق بھر بھی اب کہاں، ورنہ
تمام عمر بھی کم تھا جو انتظار کروں

اڑاؤں خاک نہ کیوں کر کہ دل نہیں پتھر
بہاؤں اشکِ جدائی، میں کیوں نہ آہ بھروں

ٹپکتے رہتے ہیں آنکھوں سے خون کے آنسو
اب اور کیسے خدایا میں عرضِ حال کروں

بسانِ آتشِ خاموش، میں جلا صاحبؔ
کسی کی آس میں خوشی تھی کہ سوگوار جیوں

○

۳ر فروری سنہ ۱۹۸۲ء

لڑی ہے آنکھ سرِ راہ، راہگیروں سے
بچے گا کیسے مرا دل اٹھائی گیروں سے

ملا کے ہاتھ، اِدھر، پیٹھ میں چھرا گھونپا
خدا بچائے ہمیں ایسے دستگیروں سے

جبیں پہ دیکھا کسی نے لکھا مقدر کا
پڑھا کسی نے مرے ہاتھ کی لکیروں سے

الہٰی لطفِ سخن ہی کہیں حرام نہ ہو
مرا کلام ہو محفوظ حرف گیروں سے

پرے ہے فہم سے اپنی قلندروں کا مزاج
الجھ نہ اے دلِ ناداں کبھی فقیروں سے

کمی عذاب میں کرتے ہیں اہلِ نار کے بھی
کبھی تو لطف کی باتیں کرو اسیروں سے

نہ پوچھ حال مرے زخمِ دل کا اے صاحبؔ
رفو کا کام کسی نے لیا ہے تیروں سے

○

۵ / فروری سنہ ۱۹۸۲ء

زخمِ دل ہیں کہ مسکراتے ہیں
بھولنے والے یاد آتے ہیں

نہ بلاتے نہ پاس آتے ہیں
یوں محبت بنھائے جاتے ہیں

کم نہیں خُلد سے تری محفل

غم یہاں آکے بھول جاتے ہیں

عمر فرقت میں کاٹنے والے

تہمتِ زندگی اٹھاتے ہیں

چاہنے والے زلفِ مشکیں کے

ہر بلا کو گلے لگاتے ہیں

رہ کے اپنے ہی شہر میں صاحبؔ

دشتِ غربت کی خاک اڑاتے ہیں

○

۱۷ر فروری ۸۲ء

پہلو میں یار ہاتھ میں جام شراب ہے

قابو میں میرے آج مہ و آفتاب ہے

مستِ شراب میں ہوں وہ مستِ شباب ہے

اس باب عاشقی سے معطر کتاب ہے

جلوے کی اک جھلک میں بھی وہ آب و تاب ہے

قلب و نظر کو اپنے کہاں اس کی تاب ہے

فرقت کی شب بھی اس کو شب ماہتاب ہے

ناکام عشق میں جو رہا کامیاب ہے

زلفِ دوتا سے مست ہوئی رات یوں مری
جھونکا نسیم صبح کا موجِ شراب ہے
ممکن نہیں جو کوئی بھٹک جائے راہ سے
ذرّہ بھی نقشِ پا کا ترے آفتاب ہے
صاحبؔ وصالِ یار کا مذکور کیا کہ یاں
اب تو خیالِ یار تلک ایک خواب ہے

○

۲۰ر فروری ۱۹۸۲ء

رہا نہ رابطہ پھر نامہ بر بھی کیوں آئے
ہوا جو قطع تعلق خبر بھی کیوں آئے
ہماری عید کا مفہوم ہی نہیں کوئی
تو چاند عید کا ہم کو نظر بھی کیوں آئے
یہ دشتِ عشق کہ تنہائیوں کا صحرا ہے
یہاں پہ راہ دکھانے خضرؑ بھی کیوں آئے
سوائے سچ کے جسے بولنا نہ آتا ہو
اسے دروغ برائے ہنر بھی کیوں آئے
جب ایسا پھول ہی کھلتا نہ ہو، تو گلشن میں
برائے سیر کوئی دیدہ ور بھی کیوں آئے

رہا نہ کچھ بھی تعلق جو یار سے لے دل
تو ذکرِ یار یہ آنکھ بھر بھی کیوں آئے
ہوں تیرہ قلب جہاں بند معبدوں کی طرح
تو ایسے گوشوں میں نورِ سحر بھی کیوں آئے
اکیلے آئے تھے ہم اس جہاں میں صاحب
رہِ عدم کے لئے ہمسفر بھی کیوں آئے

○

۲۰ر فروری ۱۹۸۲ء

خود اپنی طبعِ رواں کے سبب جواں میں ہوں
زمینِ شعر یہ کہتی ہے آسماں میں ہوں
صفیرِ گل ہوں گلستانِ بے زباں میں ہوں
تمہارا حُسن ہے دفتر اگر، بیاں میں ہوں
چمن میں آخری گلدستۂ خزاں میں ہوں
امید و بیم کے دھاروں کے درمیاں میں ہوں
چمن میں دشت و بیاباں میں کوہ و صحرا میں
جہاں جہاں مجھے چاہا وہاں وہاں میں ہوں
کبھی جو دل سے پکارا کسی کو آہٹ پر
صدا یہ کان میں گونجی ہے کہاں میں ہوں

فتادگی پہ بھی صاحبؔ عجیب رمز ہے یہ
چراغ بزم ہی کیا رونق جہاں میں ہوں

○

۲۶ر فروری ۱۹۸۲ء

ہے سراب اب تو آفتاب مرا
ٹوٹا ٹوٹا طلسم خواب مرا
سچ ہوتا کوئی تو خواب مرا
ہوتا پہلو میں ماہتاب مرا
چھپ کے آتا تھا روز ملنے کو
شب کے پردے میں آفتاب مرا
بات کہنے کی جب بھی نکلی ہے
کچھ نہ کہنے میں تھا جواب مرا
مل کے لوٹا ہوں جب بھی اے صاحبؔ
بڑھ گیا اور اضطراب مرا

○

۶ر مارچ ۱۹۸۲ء

تیر کھاتے ہیں مسکراتے ہیں
رنجش بے سبب اٹھاتے ہیں

پاس آتے نہ وہ بلاتے ہیں
یاد آتی ہے یاد آتے ہیں
کیوں بڑھائیں گے دوستی کا ہاتھ
وہ نظر بھی کہاں ملاتے ہیں
ہیں وہ شاید نصیب والے لوگ
زندگی میں جو کام آتے ہیں
اپنی بربادیوں کا ماتم ہم
عید کی طرح سے مناتے ہیں
ساقیٔ چرخ دیکھنا کچھ لوگ
زہر پیتے ہیں مسکراتے ہیں
منہ دھلاتی ہیں اشک سے راتیں
دن کو لوگ آئینہ دکھاتے ہیں
شمع سے دور جی کے پروانے
تہمتِ زندگی اٹھاتے ہیں
بیکسوں کو کہو بھلا صاحبؔ
لوگ کیوں اپنے منہ لگاتے ہیں

○

۶ / مارچ ۸۲ء
دست کش ہو نہ کر غضب ایسا
چرخ سے بھی ہوا ہے کب ایسا

یہ زمانہ ہے بولہب ایسا
رنج دیتا ہے بے سبب ایسا
آپ کے ساتھ جو گذرتا تھا
وقت آتا نہیں ہے اب ایسا
آب و آتش کا امتزاج ہے عشق
کس نے دیکھا کوئی طرب ایسا
آگ جیسے لگی، لگی دل میں
کوئی نغمہ ہے زیرِ لب ایسا
حیرتِ آئینہ بنیں آنکھیں
یاں تماشہ ہے روز و شب ایسا
اپنی آغوش اور وہ ماہ تمام
خواب دیکھا تھا ہم نے کب ایسا
ہے نفس جیسے جسم و جاں کیلئے
تم سے ملنے کا ہے سبب ایسا
ہم سزاوار ہر سزا کے ہیں
دلِ ناداں ہے بے ادب ایسا
لبِ جاں بخش سے پلا ساقی
جاں بلب ہوں میں تشنہ لب ایسا

ان کو اپنا نہ کر سکے صاحبؔ
ہم کو آیا نہ کوئی ڈھب ایسا

۶؍ مارچ سنہ ۱۹۸۲ء

قہر میں کیوں لطف شامل کر دیا
میرا جینا اور مشکل کر دیا

ہے ٹھکانہ کوئی تیری دین کا
ایک ذرّے کو لیا دل کر دیا

جو سویدا ہے مرے دل پر اسے
آپ کے رخسار کا تِل کر دیا

کیسے مرہم جانیئے اے دل اسے
وقت کے خنجر نے گھائل کر دیا

رنگ تیرا اڑ کے تیری بزم میں
آئینہ میرے مقابل کر دیا

چشمِ جادوگر، سہارا دے گئی
دل کو ہر طوفاں کا ساحل کر دیا

رنگ لے آئی ہے صاحبؔ کی غزل
خونِ دل جب اس میں شامل کر دیا

آتشِ بے نام ۹۹ صاحب حیدرآبادی

○

۷ر مارچ ۱۹۸۲ء

خزف ریزوں کے بدلے میں کہیں لعل و گہر بدلے
الٰہی خیر ہو کیسے یہ اقدارِ ہنر بدلے
جہاں بھی ہم گئے سر پر وہی اک آسماں پایا
نہیں بدلے ستارے گرچہ ہم نے لاکھ گھر بدلے
مقدر کی کجی کے سامنے رہبر بھی عاجز ہے
ملی اب تک نہ منزل ہم نے کتنے ہمسفر بدلے
رہے گردش میں صاحبؔ روز و شب سا آسماں لیکن
نہ دن اپنے پھرے، اپنے نہ وہ شام و سحر بدلے

○

۹ر مارچ ۱۹۸۲ء

بات ہم واقعی سمجھتے ہیں
کیا ہے تیری خوشی سمجھتے ہیں
تیرے محرومِ التفات نہ پوچھ
موت کو زندگی سمجھتے ہیں

جن سے وابستگی ہے صدیوں کی
وہ ہمیں اجنبی سمجھتے ہیں

اپنے احساسِ غم کو بھی دل سے
تیری دریا دلی سمجھتے ہیں

شادی و غم کے انبساط کو ہم
اک گھڑی دو گھڑی سمجھتے ہیں

توڑے ایسے ستم زمانے نے
جیسے ہم کو نبی سمجھتے ہیں

حادثاتِ جہاں کو ہم صاحبؔ
زلف کی برہمی سمجھتے ہیں

○

۱۸؍ مارچ ۱۹۸۲ء

آئے ساقی ہے اور یہ سر ہے
کون اپنا جہاں میں ہمسر ہے

قسمت اپنی نصیب ہے اپنا
حکمراں ہر جگہ مقدّر ہے

کون جانے شبِ فراق، آخر
کب تلک مہماں مرے گھر ہے

چاندنی کیا ہے اک کفن کے سوا
وہ بھی میلی سی ایک چادر ہے
تیری فرقت میں اے بتِ کافر
ہمکو شادی و غم برابر ہے
ایک زلفِ دوتا پہ کیا موقوف
ہر بلا موج کی مرے سر ہے

○

۱۸ / مارچ ۱۹۸۲ء

اک نفس کوئی شادکام نہیں
کس پہ یہ زندگی حرام نہیں
اب غزالاں بھی چوکڑی بھولے
کبک مستِ مئے خرام نہیں
گو شبِ غم کا سلسلہ ہے حیات
پر کسی چیز کو دوام نہیں
لوگ کہتے ہیں جی میں جو آیا
یاں کسی منہ کو لگام نہیں
تہمتِ عشق تو ہر اک کو ملی
دردِ الفت ہر اک پہ عام نہیں

کیا غضب ہے بھرے زمانے میں
ایک بھی صاحبِ مقام نہیں
ہم شبِ وصل کہہ سکیں جس کو
ایسی کوئی ہماری شام نہیں
اب تخیل بھی ہو گیا عنقا
اب ھما اپنے زیرِ دام نہیں
اشک پیتے ہیں اپنے ہم صاحب
اب چھلکتا ہمارا جام نہیں

○

۱۹؍ مارچ سنہ ۱۹۸۲ء

ہماری جان پہ اک مستقل عذاب تو ہے
نہیں شباب تو کیا حسرتِ شباب تو ہے
دلیل و حجّت و بُرہاں کے ساتھ ہے واعظ
ہمارے آگے گلستاں کا کوئی باب تو ہے
اٹھایا ہم نے مزہ کچھ تو نفسی نفسی کا
سفیدیٔ سر کی قیامت کا آفتاب تو ہے
نہ ہوتا کچھ بھی تو رحمت کو کیوں ترس آتا
لکھا فرشتوں نے ہر چیز کا حساب تو ہے

نہ ہوگا کیف کبھی کم کشیدِ غم ہے یہ
شراب ہو کہ نہ ہو نشۂ شراب تو ہے

تری ادا کو اگر تیسرا قہرمان بھی لوں
تو فرق کیا ہے وہی لذّتِ عذاب تو ہے

ہمیشہ آگ سی روشن ہے، دِل میں سینے میں
ہے آب تیغ میں جوہر میں اضطراب تو ہے

ہزار یاس کے عالم میں اک امیدِ کرم
برس بھی جائے گا چھایا ہوا سحاب تو ہے

ہماری زیست زلیخا کا خواب ہی ہوتی
حقیقتوں کا فسانہ بشکلِ خواب تو ہے

دلا دے مجھ کو الٰہی مری مرادِ دِلی
کمی بھی کیا ہے کرم تیرا بے حساب تو ہے

جھکا لیں یار نے نظریں جو آنکھ چار ہوئی
سوال کا ترے صاحبؔ یہی جواب تو ہے

○

۲۳ / مارچ ۱۹۸۲ء

مجھ کو جب بھی وہ صنم یاد آیا
کوئی بھولا ہوا غم یاد آیا

کیوں لگا تار ہے اشکوں کی جھڑی
کیا کوئی اس کا کرم یاد آیا
ورقِ گل میں ہیں دل کے ٹکڑے
دیکھکر پارۂ غم یاد آیا
کجروی تیری جو دیکھی اے چرخ
ان کا اندازِ ستم یاد آیا
خیر تو ہے کہ بلا بھیجا ہے
کیا کوئی طرفہ ستم یاد آیا
آنکھ اپنی بھی نہ جھپکی صاحبؔ
جب بھی وہ دیدۂ نم یاد آیا

○

۲۳؍ مارچ سنہ ۱۹۸۲ء

جہاں جینا نہ ہو آساں تو پھر آسان کیا ہوگا
جب ایسی زندگی ہو موت کا ارمان کیا ہوگا
نہ حسرت ہو کوئی دل میں نہ اس میں کوئی ارماں ہو
فرشتہ ہوگا وہ کوئی، بھلا انسان کیا ہوگا
ملی چشمِ بصیرت جس کو ہمدم پوچھنا کیا ہے
وہ نیرنگِ زمانہ دیکھ کر حیران کیا ہوگا

غم دوری نے پروانے کو پہلے ہی جلا ڈالا
وہ مشتِ خاک تجھ پر شمع رو، قربان کیا ہوگا
خوشی ہمکو نہ آئی راس یہ سچ ہے مگر صاحبؔ
نہ آئے راس جو غم بھی تو میری جان کیا ہوگا

○

۲۴ مارچ سنہ ۱۹۸۲ء

گیا نالہ فقط دل سے زباں تک
نہ پہنچا وہ کبھی حدِّ بیاں تک

جلا اک دل ہی کب سوزِ دروں سے
جلا ڈالے ہیں اس نے جسم و جاں تک

اٹھا لے موسم گل ہی میں ہم کو
نہ رکھ یارب ہمیں فصلِ خزاں تک

وظیفہ رات دن ہے، ذکر تیرا
نہیں محدود زیبِ داستاں تک

ہم ایسی آگ میں جلتے ہیں صاحبؔ
نہ اٹھا آج بھی جس سے دھواں تک

آتشِ بے نام ۱۰۶ صاحب حیدرآبادی

○

۲۴ر مارچ ۱۹۸۲ء

وہ نسبت جو زباں سے ہے دہاں کو
وہی نسبت ہے مجھ سے جانِ جاں کو
نسیم جانفزا پہنچے، نہ سایہ
لگا دوں آگ ایسے آشیاں کو
گرفتارِ بلا ہرگز نہیں وہ
جو قابو میں رکھے اپنی زباں کو
ہوئے گم کردہ منزل کھو کے دل کو
گنوا بیٹھے ہم اپنے رازداں کو
نگارِ مقصدِ دل ہے یہ صاحبؔ
خدا قائم رکھے اُردو زباں کو

○

۲۷ر مارچ ۱۹۸۲ء

مائل کرم پہ اب نگہ یار بھی نہیں
وہ ضُعف ہے کہ حسرتِ دیدار بھی نہیں

یہ منصبِ جلیل ملا، جس کو مل گیا
منصور نام کے یہاں دو چار بھی نہیں
یوں آتشِ فراق میں جلنا ہوا ہے فرض
دوزخ میں جائیں ہم وہ گنہ گار بھی نہیں
جورِ بتاں کا شکوہ کریں کیا خدا سے ہم
وہ تنگ ہیں کہ طاقتِ گفتار بھی نہیں
صاحبؔ زمانہ وہ بھی تو باقی نہیں رہا
کرنے کو رہنا جبّہ و دستار بھی نہیں

○

۳۱ مارچ ۱۹۸۲ء

ان نگاہوں کے جو اشارے ہیں
کچھ وہی زیست کے سہارے ہیں
کیا نہیں ایک بھی مرے لائق
چرخ کے پاس لاکھ تارے ہیں
کبھی ہنس کر کبھی تو رو رو کر
ہم نے دن اس طرح گذارے ہیں
ایک بستی میں ہم بھی ہیں، لیکن
اک ندی جس کے دو کنارے ہیں

خاک مرت جان، ان کو، ہیں اکسیر
جو غمِ عاشقی کے مارے ہیں
تیری موجِ نظر کے صدقے میں
کبھی طوفاں کبھی کنارے ہیں
صاحبؔ آدم سے لے کے تا اینِدم
وہی مقتل وہی نظارے ہیں

○

یکم اپریل ۱۹۸۲ء

دل میں سوئے ہوئے جذبات کو بیدار کیا
چھپ کے یاروں نے کمیں گاہ سے پھر وار کیا
چاہنے والوں کے پیماں ہیں اسی دنیا تک
تو نے اے دوست پسِ مرگ کا اقرار کیا
کیا کوئی اپنے ہی مہمان کی جاں لیتا ہے
زندگی جان سے تو نے ہمیں بیزار کیا
مطلعِ ابروئے خمدار کے صدقے جس نے
دل کے ہر زخم کو گنجینۂ اشعار کیا
کب مرے یار نے یارب مری دلداری کی
تو نے ہر چند کہ اس کو مرا دلدار کیا

ایک سفاک کی بیدادگری نے صاحب
اک زمانے کو یہاں میرا طرفدار کیا

○

یکم اپریل ۱۹۸۲ء

خیالِ وصل ترا کم رہا ہے آنکھوں میں
تری جُدائی کا ماتم رہا ہے آنکھوں میں

ترے جمال کا شعلہ ترے بدن کا فشار
مثالِ غنچہ و شبنم رہا ہے آنکھوں میں

اب انتظار دھند لکے کی روشنی کی طرح
چراغ خانۂ ماتم رہا ہے آنکھوں میں

گرا ہے اشکِ چکیدہ کی طرح میرا مقام
رہا بھی ہے تو بہت کم رہا ہے آنکھوں میں

سسک سسک کے، سمٹ کر یہاں تک آیا ہے
اب آبھی جا کہ بس اک دم رہا ہے آنکھوں میں

اٹھا تھا دل سے جو طوفانِ نوح کی صورت
وہ نیلِ مصر ہے جو تھم رہا ہے آنکھوں میں

جو خونِ حسرتِ دیدار یار اے صاحب
بہایا جا نہ سکا، جم رہا ہے آنکھوں میں

○

۲/اپریل ۱۹۸۲ء

قطرہ دریا میں بے خبر گم ہے
اس کے جلوے میں ہر سحر گم ہے

بھیڑ ایسی ہے کوئے جاناں میں
مختصر یہ کہ نامہ بر گم ہے

جب بھی پہنچی ہے میری آہِ رسا
دیکھا چرخِ بریں کا در گم ہے

ہم الگ راستہ بھٹکتے ہیں
خضر کی طرح راہ بر گم ہے

شب اندھیری ہے، راہ دور دراز
یوں مری آہ کا اثر گم ہے

جلوہ گر ہے وہ آفتاب جمال
آنکھیں خیرہ ہیں اور نظر گم ہے

ہم وہ نایابِ دہر ہیں صاحبؔ
بحر میں جس طرح گہر گم ہے

○

۶؍ اپریل ۱۹۸۲ء

غم ہی لائیں گے اگر جائیں گے
اس کے کوچے میں مگر جائیں گے

آپ گذریں گے سرِ بالیں کیوں
ہم ہی دنیا سے گذر جائیں گے

بحرِ الفت نہیں پایاب نہ ہو
ڈوب کر پار اُتر جائیں گے

شبِ غم آپ کا آنا معلوم
موت ہی آئے گی مر جائیں گے

ان کو کیا ان کی بلا سے صاحبؔ
جن کو مرنا ہے وہ مر جائیں گے

○

۱۴؍ اپریل ۱۹۸۲ء

کیسی نباہ ذکر ہی کیا رسم و راہ کا
ملنا ہے اب تو راہ میں بس گاہ گاہ کا

اندھے کنوئیں میں کود پڑے ہم تو بے خطر
اندازہ ہم کو کچھ بھی نہ تھا ان کی چاہ کا

ہاں اس میں قید اپنے پرائے کی کچھ نہیں
لازم ہر ایک پر ہے چھپانا گناہ کا
اشکِ رواں سے شکوۂ پیہم تمام عمر
ہم کو نہ آیا غم سے سلیقہ نباہ کا
کھنچتے چلے ہیں یار کی جانب جو دمبدم
یہ کہربا کے ساتھ تعلق ہے کاہ کا

○

۱۴ر اپریل ۱۹۸۲ء
لب تبسّم سے بھر گیا ہوگا
غنچۂ دل ہے کھل پڑا ہوگا
پورا ہوگا نہ مدعا دل کا
زندگی بھر جو تو خفا ہوگا
آہ و فریاد کچھ تو دیں فرصت
سجدۂ شکر کب ادا ہوگا
تیرا دامن ہو جس کے ہاتھوں میں
اس کو طوفاں کا سامنا ہوگا
وائے بر زندگیٔ ذوقِ نمود
بلبلہ بھی تو خود نما ہوگا

کیا قیامت ہے جورِ دوراں کا
حشر کے روز فیصلہ ہوگا

○

۱۶ ر اپریل ۱۹۸۲ء

گدایانِ درِ میخانہ ساقی شاہ ہوتے ہیں
جو از خود رفتہ ہوتے ہیں وہ خود آگاہ ہوتے ہیں

طلب صادق ہو منزل کی اگر اے دل تو کافی ہے
نشاناتِ کفِ پا سب چراغ راہ ہوتے ہیں

رہ درسمِ محبت کا تقاضہ کچھ تو ہے آخر
عدم کے راہ رو اے یار کب ہمراہ ہوتے ہیں

کبھی دو ناتعلق ذلت کا میرے دل کو ہے یارب
کہ دُور افتادگاں بھی راندۂ درگاہ ہوتے ہیں

بفیضِ درد میری یہ غزل تکمیل کو پہنچی
جو دِل درد آشنا ہیں کچھ وہی آگاہ ہوتے ہیں

مٹا دے اپنی مرضی کو، تو صاحبؔ بات بنتی ہے
ہیں جتنے کام تیرے سارے خاطر خواہ ہوتے ہیں

○

۱۸ / اپریل سنہ ۱۹۸۲ء

غلط ضرور ہوئی کچھ قصور ہم سے ہوا
وہ یارِ غار ہمارا جو دور ہم سے ہوا
نہ پوچھ شامِ غریباں کی بیکسی کا حال
کہ اپنا سایہ تلک دور دور ہم سے ہوا
خود اپنے آگے بڑا بول اپنا آیا ہے
رہِ ثبات میں شاید غرور ہم سے ہوا
ہزار خاکِ فرومایہ ہم سہی صاحبؔ
جہاں میں نور کا اُس کے ظہور ہم سے ہوا

○

۱۸ / اپریل سنہ ۱۹۸۲ء

قصور کچھ تو دلِ ناصبور ہم نے کیا
جلا جلا کے بجھے۔ برقِ طور ہم نے کیا
یا خود اپنی تمنا کا خون گردن پر
خود اپنے آئینے کو چور چور ہم نے کیا

تڑپ کے آگئے وہ خود ہمارے پہلو میں
جو سنگ دل تھا اُسے ناصبور ہم نے کیا
یہ کام ہمتِ فرہاد سے نہ ہو پایا
کہ بحرِ آتشِ ہجراں عبور ہم نے کیا
گو مشتِ خاک کی قیمت ہماری ہے صاحبؔ
یہ خاکداں تھا جسے رنگ و نور ہم نے کیا

○

۱۹/اپریل سنہ ۱۹۸۲ء

جو بھی چاہی وہ بات ہی نہ ملی
کیا تھی مرضی تری وہی نہ ملی
دی شبِ ہجر کی سی عمر دراز
جس کو کہتے ہیں زندگی نہ ملی
تجھ پہ قربان ہر خوشی کر دی
پھر بھی تیری ہمیں خوشی نہ ملی
دل میں ایسے کے کیا جگہ پاتے
آنکھ سے جس کی آنکھ بھی نہ ملی
ڈھونڈتے ہم رہے چراغ لئے
غم ہی ملتے رہے خوشی نہ ملی

گو مہکتا رہا چمن سارا
اپنی قسمت کی اک کلی نہ ملی
تھے اندھیرے نباہ کرنے کو
چشمِ بینا کو روشنی نہ ملی
مر مٹا جس کے واسطے صاحبؔ
اس سے فطرت تری کبھی نہ ملی

۱۹؍اپریل ۱۹۸۲ء

بن گیا اپنا نفس دل پہ گرانبار کہ بس
تیری زلفوں نے کیا ایسا گرفتار کہ بس
کشمکش میں ہے مری جان ملوں تو کیسے
کر دیا درد نے وہ جان سے بیزار کہ بس
دم نکلتا ہے نہ ہم اس سے گلے ملتے ہیں
دامِ الفت میں ہیں کچھ ایسے گرفتار کہ بس
آگ دو طرفہ لگی تھی مگر اے جذبۂ عشق
ایک ہم ہیں کہ ہوئے ایسے گنہگار کہ بس
کوئی مجبوری سی مجبوری ہے ملت کیسا
ہیں قفس میرے لئے یہ در و دیوار کہ بس

کس کی آنکھوں نے جھڑی ایسی لگی دیکھی ہے
تار اشکوں کا لگا ایسا لگا تار کہ بس
عشقِ جاناں میں ہوئے دوختہ لب یوں صاحبؔ
قفلِ بوسہ ہی ہُوا مانعِ اظہار کہ بس

○

۲۰ / اپریل ۱۹۸۲ء

وفا کو اُن کی بھلا کس طرح جفا کہتے
ہم آئینہ ہیں جو سچ ہے وہ برملا کہتے
رہا نہ ربط کسی سے اگر تو کیا کہتے
وہ دشمنی بھی جو کرتا تو یا وفا کہتے
ہمیشہ گرچہ شکایت رہی زمانے سے
عطائے زیست کو کس منہ سے ہم سزا کہتے
ادب ہے قفل وہاں ورنہ ہم بھی اے ہمدم
جہانِ عشق کو پھیلی ہوئی دبا کہتے
یہ ہم سے ہو نہ سکا روزِ حشر بھی صاحبؔ
بھلا کہا تھا جسے کیا اسے بُرا کہتے

○

۲۰/ اپریل ۱۹۸۲ء

اک جذبِ جنوں خیز مرے کام تو آیا
پہلو میں مرے یارِ دل آرام تو آیا
اک قافلۂ شوق سرِ شام تو آیا
اے عہد شکن لب پہ ترا نام تو آیا
ناقدریٔ الفت کی تلافی ہوئی ممکن
گیسو لئے دوش پہ وہ دام تو آیا
خود کھنچ کے اسے کھینچ کے لایا ہے مرے پاس
اک نالۂ شبگیر مرے کام تو آیا
غافل اسے کہتے نہیں یہ مان لے اے دل
جو صبح کا بھولا تھا، سرِ شام تو آیا
آنکھوں نے تکلم کیا، اشکوں نے تبسم
اُس جانِ وفا کا مجھے پیغام تو آیا
ہر چند لبالب ہے وہ میرے ہی لہو سے
ہاتھوں میں چھلکتا ہوا یہ جام تو آیا
پھر گردشِ ایام نے لوٹا دئے وہ دن
پھر دور میں جامِ مئے گلفام تو آیا

اے خاکِ درِ یار تو دامن میں جگہ دے
اک طائرِ مجبور سرِ بام تو آیا
آیا تو ہے گو لاکھ برائی کو لئے ہے
خوش ہوں کہ ترے لب پہ مرا نام تو آیا
آیا وہ طرحدار بالآخر، دمِ آخر
رخصت کا مجھے جامِ خوش انجام تو آیا
کب تک یہ وظیفہ تجھے ہندوئے صنم کا
صاحبؔ ترا سورج بھی لبِ بام تو آیا

○

۲۱ / اپریل ۱۹۸۲ء

اشکِ پیہم کی جھڑی رہتی ہے
آگ سی دل میں لگی رہتی ہے
طے ہے جب آپ نہیں آئیں گے
آنکھ کیوں در سے لگی رہتی ہے
چاہنے والوں کے آگے آگے
اک ندی ہے کہ کھڑی رہتی ہے
خون تو خشک ہوا رگ رگ کا
دیدۂ تر میں نمی رہتی ہے

تجھ سے جتنے تھے علاقے ٹوٹے
ایک اُمید بندھی رہتی ہے
کیوں کسی بات کا ماتم کیجیے
رنج رہتا نہ خوشی رہتی ہے
اس خرابے میں جہاں کے صاحبؔ
کون ہے جس کی بنی رہتی ہے

۲۱ اپریل سنہ ۱۹۸۲ء

ہر نفس دل شکنی ہوتی ہے
اب نہ شادی نہ غمی ہوتی ہے
خون بہتا رہا پانی کی طرح
قدرِ لعلِ یمنی ہوتی ہے
آ ہی جاتی ہے زباں پر وہ بات
بات جو دل میں دبی ہوتی ہے
دو گھڑی لوگ ٹھہر جاتے ہیں
جس جگہ چھاؤں گھنی ہوتی ہے
کچھ کمی میرے نہ ہونے سے نہیں
تیری محسوس کمی ہوتی ہے

دم نکلتا ہے، نہ ہمدم دل کے
درد میں کوئی کمی ہوتی ہے

○

۲۲ راپریل ۱۹۸۲ء

بگڑی تری ہُوا چمنِ روزگار ہے
آوازِ بُوم نغمۂ بانگِ ہزار ہے
صدموں سے داغ داغ دلِ تار تار ہے
رخ آئینہ ہے سوز دروں آشکار ہے
ان کو ہے اختیار جلائیں وہ روز و شب
اُف بھی کروں میں، کب مجھے یہ اختیار ہے
ہوں اس قدر سُبک شبِ ہجراں کے بوجھ سے
اب طعنہائے غیر اُٹھانا بھی بار ہے۔
اک عمر ہوگئی کہ لبِ گور ہم ہوئے
پھر بھی دلِ حزیں ترا امیدوار ہے
ہے کون آنے والا جو بالیں پہ میری آئے
اے مرگِ ناگہاں تجھے کیا انتظار ہے
صاحب جو ازِ سجدہ بسوئے بتانِ ناز
شاید کہ بے نیازیِ پروردگار ہے

○

۲۲؍ اپریل ۱۹۸۲ء

تجھ پہ قربان ہر خوشی میری
کیا خوشی بلکہ زندگی میری

میری ہر آرزو کو ٹھکرایا
کی نفی تو نے بات کی میری

رحم آنے لگا زمانے کو
دیکھ کیا شکل بن گئی میری

تخت ہے سنگِ آستاں تیرا
خاکِ در تاجِ سروری میری

ایک تیرا ہی بس سہارا ہے
لاج رکھنی تجھی کو تھی میری

خاک میں کیوں فلک ملاتا ہے
شاید اس میں ہے بہتری میری

درِ جاناں پہ پڑ کے کٹ جاتی
کاش صاحبؔ رہی سہی میری

○

۲۵؍ اپریل ۸۲ء

ہماری طرح تیرا جی بھی گھبرائے تو ہم جانیں
کبھی گھبرا کے تو گھر سے نکل آئے تو ہم جانیں

بہاریں یوں تو آتی ہیں گھٹائیں یوں تو چھاتی ہیں
کسی کی زلف کی کالی گھٹا چھائے تو ہم جانیں

اُدھر دعویٰ محبت کا ادھر آنسو نہیں تھمتے
وہ آتش ہے اشک لگے چھپے اور بجھائے تو ہم جانیں

نہ چھیڑ کے اور زخموں پر نمک غمخوار سے کہہ دو
دبی ہو آگ، پھر بھی گھر نہ جل جائے تو ہم جانیں

دفور گریہ سے ہم پر رہی ہر شب غشی طاری
سرِ بالیں کبھی وہ زلف لہرائے تو ہم جانیں

ہلالِ عید تو دو مرتبہ صورت دکھاتا ہے
یونہی اپنی جھلک وہ ماہ دکھلائے تو ہم جانیں

کہاں تک ایک ہی رخ پر الٰہی اشک کا طوفاں
یہ دریا بہتے بہتے رخ بدل جائے تو ہم جانیں

نہیں ہم کو مفر ہرگز تغیر سے زمانے کے
مزاجِ گردشِ دوراں بدل جائے تو ہم جانیں

بہت کچھ سن چکے اے جذبِ دل ہم تیرے افسانے
مگر وہ سنگدل کھنچ کر چلا آئے تو ہم جانیں

کیا جس سرد مہری نے دلِ مہجور کو یخ بستہ
وہی مہرِ مجسم بن کے گرمائے تو ہم جانیں

کسی کی یاد میں دل ماہئ بے آب ہے کب سے
تڑپ کر ساتھ ہی دم بھی نکل جائے تو ہم جانیں

غضب کی آگ چشمِ غیظ نے تو خوب برسائی
اب اس کا غنچۂ لب پھول برسائے تو ہم جانیں

ترا آنا قیامت ہے نہ آنا بھی قیامت ہے
قیامت آئے اور آ کر ٹھہر جائے تو ہم جانیں

نہ آیا زندگی میں، خیر وہ تو ہو چکا صاحبؔ
لحد پر آ کے دو آنسو بہا جائے تو ہم جانیں

۲۵؍ اپریل سنہ ۱۹۸۲ء

شگفتگی مرے دل کو تری نظر سے ملی
مسرتوں کی اسے بھیک تیرے در سے ملی

نہ راہبر سے ملی ہے نہ وہ خضر سے ملی
رہِ نجات ہمیں اپنی چشمِ تر سے ملی

ملی بھی دادِ سخن تو بقول صائبؔ کے
سکوتِ دانش و تحسینِ بے ہنر سے ملی

ترا تبسّمِ رنگیں بنا پیامِ بہار
خبر نہ جس کی مجھے پھر گل و ثمر سے ملی

بنا کے آہ کو قاصد اگرچہ بھیجا تھا
کوئی خبر نہ تری پھر بھی نامہ بر سے ملی
تلاشِ یار کا رشتہ ہے دل سے اے صاحبؔ
ہمیں تو منزلِ مقصود اپنے گھر سے ملی

○

۱۱ر مئی ۸۲ء

وہی گل پیرہن ہے اور میں ہوں
مہکتی انجمن ہے اور میں ہوں
وہی بے دست و پائی یار کی ہے
وہی رسمِ کہن ہے اور میں ہوں
مثالِ نے رہا ہوں نالہ بر لب
مرا طرزِ سخن ہے اور میں ہوں
اِدھر ہے دل، اُدھر وہ ناوک افگن
نگاہِ پُر فتن ہے اور میں ہوں
تفِ ہجراں سے سوزاں دل جگر ہیں
قیامت کی گھٹن ہے اور میں ہوں
ترا قامت ترے گیسوئے پُر خم
رہِ دار و رسن ہے اور میں ہوں

وہی مکر و فریبِ آسماں ہے
نوائے پیرزن ہے اور میں ہوں
میں پروانہ ہوں اس نورِ ازل کا
وہ شمعِ انجمن ہے اور میں ہوں
سراپائے غزل ہے کوئی صاحبؔ
غزل کا بانکپن ہے اور میں ہوں

○

۱۳؍ مئی ۱۹۸۲ء

بہارِ گُل ہے چمن میں تو گُلعذار کے ساتھ
پھرا ہے سارا زمانہ نگاہِ یار کے ساتھ
جھٹک دیا مجھے تو نے بھی جب غبار کے ساتھ
لپٹ کے سوتی ہے حسرتؔ، مری مزار کیساتھ
جو دیکھے کوئی تو اس کو گمان یہ گذرے
بندھی ہے چشم مری آنسوؤں کے تار کے ساتھ
نہ پہنچے منزلِ مقصود کو ہوا و ہوس
اڑی ہے گرد بہت دور تک سوار کے ساتھ
الٰہی یہ بھی کوئی کیا غلط روایت ہے؟
لرزتا عرش کا اک آہِ بیقرار کے ساتھ

بنا ہے شانہ کی صورت مرا دلِ صد چاک
تعلق اتنا ہے بس زلفِ تابدار کے ساتھ
گھٹن ہے آگ ہے زہراب ہے، سبھی کچھ ہے
مزہ ہے زیست میں گر کچھ تو لطفِ یار کیا تھ
غلط روی کا جو عالم ہے جبر میں صاحبؔ
نہ جانے کیا ہو اگر ہو وہ اختیار کے ساتھ

○

۲۰ / مئی ۱۹۸۲ء

خوشی شام فرقت اڑا لے گئی
قضا جسمِ خاکی اٹھا لے گئی
بہا لے گئی موجِ اشکِ رواں
خدا جانے کیا چھوڑا کیا لے گئی
پتہ دے گئی مجھ کو پاتال کا
کہ نقشِ قدم تک قضا لے گئی
سہارا بس اک تیری نظروں کا تھا
اسے بھی تری کج ادا لے گئی
مجھے بخش دیں ساری سیمابیاں
مرا صبر زلفِ دوتا لے گئی

دِلوں سے محبت بھی صاحبؔ نہ پوچھ
زمانے کی بدلی ہوا لے گئی

○

۲۱ رمئی ۱۹۸۲ء

کیا خبر تھی بات ٹالی جائے گی
آہِ مظلوماں بھی خالی جائے گی

دل کی حسرت دل میں پالی جائے گی
یہ نئی بستی بسائی جائے گی

جانے کب ہوگی تری چشمِ کرم
کب یہ میری زار نالی جائے گی

میرے اشکوں نے یہ ثابت کردیا
لعل سے کس طرح لالی جائے گی

بدگمانی دور ان کی ہو چکی!
کب ہماری خوش خیالی جائے گی

اے مسیحا زندگی کے واسطے
کیا کوئی صورت نکالی جائے گی

ہمنفس ارماں مرے نکلیں گے سب
جب منوں کی خاک ڈالی جائے گی

دور ہو گی حیرتِ آئینہ بھی
حسن کی رعب لاز والی جائے گی

اے وفا تو بھی مسیحا کی طرح
دارِ ہستی سے اُٹھالی جائے گی

اُٹھ گئے صاحب ہزاروں باکمال
دیکھئے کب بے کمالی جائے گی

○

۲۵ر مئی ۱۹۸۲ء

نہ وہ دن ہی رہے نہ شام رہی
گردشِ وقت ہی مدام رہی

ہو گئی شرح غم میں عمر تمام
داستان پھر بھی نا تمام رہی

ہم ہوئے تم ہوئے کہ قیس ہوئے
زندگی کس کی شاد کام رہی

رہ گئی پھنس کے زلفِ یار میں بس
آرزو تک اسیرِ دام رہی

ہر نفس العطش کی تھی آواز
زندگی ایسی تشنہ کام رہی

میری رودادِ اشک اے صاحبؔ
سرِ مژگانِ شب مدام رہی

○

۳۰؍ مئی ۱۹۸۲ء

یوسف ہے گرچہ مصر کے بازار میں نہیں
ہے کونسی ادا جو مرے یار میں نہیں

سب ہیں ہمارے یار ہوا گر بنی رہے
سچا خلوص اب کسی غمخوار میں نہیں

زنداں میں جس سے چھنتی تھی امید کی کرن
روزن اب ایک ایسا بھی دیوار میں نہیں

تا عمر جس کی دل کو رہی جستجو مدام
شاید وہ پھول دامنِ گلزار میں نہیں

لب بستگی میں ہم کو جو حاصل ہوا ہے لطف
صاحبؔ وہی مزا لبِ اظہار میں نہیں

۴؍ جون ۱۹۸۲ء

پیئے جو زہر وہ بانٹے گا کس طرح امرت
ازل سے تلخ کا خالق تھا، بدزباں نہ تھا

اسی طرف سے برسنے لگے تھے سنگ و خشت
کہ جس طرف سے دلِ سادہ کو گمان نہ تھا
ہوا نے اس کو اڑایا پتنگ کی مانند
مرا مکان کوئی پھوس کا مکان نہ تھا
یہ دیر ہی نہیں اندھیر تھا زمانے کا
ہمارا زخمِ جگر کوئی بے زبان نہ تھا
ہمیں کو شکوۂ دوراں نہیں رہا صاحبؔ
وہ کون ہے جو زمانے سے بدگمان نہ تھا

○

۱۷ جون ۱۹۸۲ء

اُڑتی ہے خاک میری ہوا بن کے کو بکو
آغوشِ یار کی ہے مجھے ایسی جستجو
تیرے بغیر خاک ہے دنیائے رنگ و بُو
مجھ کو تو چاہیئے ہے فقط ایک تُو ہی تُو
میری بہشت میرے خدا پھیر دے مجھے
رکھنا ہے میری لاج کا آدم کی آبرو
یہ زندگی نفس کی ہے محتاج جس طرح
زیر و بمِ حیات بنی تیری گفتگو

مستِ شرابِ عشق ہوں ایسا کہ کچھ نہ پوچھ
رہنے دے جام و بادہ و پیمانہ و سبو

یوں زندگی میں مرگ کا میں منتظر رہا
جاگے ہوئے کو نیند کی ہو جیسے آرزو

ہجراں نصیب صاحبِ بے حال کو تو دیکھ
تصویرِ یاس شکل بنی اس کی ہو بہو

○

۶ر جولائی ۱۹۸۲ء

طنز کے گر نیز بار آور نہ تھے
وقت کے ہاتھوں میں کیا خنجر نہ تھے

مسکرانے کتنے چہرے تھے کہ یاں
پیٹ پر باندھے ہوئے پتھر نہ تھے

سلب اپنی طاقتِ پرواز تھی
بال و پر رکھ کر بھی بال و پر نہ تھے

پھول پھینکے تو نے پھر کیا جان کر
دسترس میں تیری کیا پتھر نہ تھے

جن کے قامت کا ہے شہرہ شہر میں
غور سے دیکھا تو وہ گز بھر نہ تھے

آنکنے کو آنکھ ہی تو چاہئے
اشک اپنے کمتر از گوہر نہ تھے
ان کے کوچے کی ہوا کا ہے اثر
ورنہ صاحب ہم کبھی بے گھر نہ تھے

○

۶ر جولائی ۱۹۸۲ء

تری خوشی میں کبھی اپنی ناخوشی میں کٹی
اندھیری رات تھی تاروں کی روشنی میں کٹی
خسوف ہی میں رہا مہرِ نیمروز اپنا
وہ تیرہ روز ہیں شب جن کی بیکسی میں کٹی
اِدھر یہ غم کہ نگاہِ کرم ملی ہی نہیں
اُدھر یہ وہم سبھی بندہ پروری میں کٹی
ترے فراق میں میری نجات تھی مُضمر
جو تھی عذاب کی منزل وہ زندگی میں کٹی
گذر گئی کسی تصورِ دشت کی سولی پر
ہماری عُمر تو ساری تری گلی میں کٹی
کسی کو نہر کا لانا ہے کاٹنا دن کا
کسی کی عیش و طرب شغلِ میکشی میں کٹی

سفر میں ریل کے جیسے مناظرِ قدرت
ہماری عمر کچھ ایسی رواروی میں کٹی
تجھے حیات بھی صاحبؔ ملی ہے بے مصرف
خضر کی عمر تو عالم کی رہبری میں کٹی

○

۸ر جولائی ۱۹۸۲ء

کس قدر فسردہ ہے عالمِ شباب اپنا
دوپہر ہی گہنا یا ہائے آفتاب اپنا
دیکھنا جگائے اب کون کس کو دونوں میں
بخت بھی ہے خوابیدہ یار محوِ خواب اپنا
ہم کہاں سے لے آئیں آپ کا کوئی ثانی
آئینے سے لے لینا آپ خود جواب اپنا
دن تھا جام سے روشن، رات چاند سے روشن
اب نہ وہ شراب اپنی اب نہ وہ شباب اپنا
زندگی مشیّت کا جبر بن گئی ورنہ
صاحبِ قلم اپنا، صاحبِ کتاب اپنا
شاید آپ بھی صاحبؔ پائیں خواب کی تعبیر
حشر میں چکا لینا چل کے ہر حساب اپنا

۸؍ جولائی سنہ ۱۹۸۲ء

قتل پھولوں کا ہوا سرخ سویرا دیکھا
چشمِ بد دور مری آنکھوں نے کیا کیا دیکھا

سانس کی آمد و شُد نام ہے بس جینے کا
دل پہ چلتا ہوا دن رات کا آرا دیکھا

جس کا جی چاہے اُسے صبحِ تجلّا کہہ لے
چشمِ بینا نے مگر صاف اندھیرا دیکھا

تیری آنکھوں کے جھروکے سے جو جھانکا اِک دن
بند کوزے میں غم و درد کا دریا دیکھا

رنگ بدلا وہیں اپنا بھی مرے یاروں نے
رُخ زمانے کی ہوا کا جو بدلتا دیکھا

لاکھ پردوں میں چھپا تھا رخِ زیبا، لیکن
دیکھنے والوں نے ہر جا ترا جلوہ دیکھا

منظر اک اور اُدھر چشمِ بصیرت پہ کھلا
جب خیالوں کا تماشا لبِ دریا دیکھا

جو مسیحا تھا وہی آج بنا ہے قاتل
وقت کے ہاتھ کے ہر زخم کو گہرا دیکھا

خواب کی ہم کو یہ تعبیر ملی ہے صاحبؔ
آنکھ اپنی جو کھلی خون کا دریا دیکھا

○

۲۷ / جولائی ۱۹۸۲ء

چین سکھ دل کا مرے، دل سے جدا رہتا ہے
دوست دشمن کے سکھانے سے خفا رہتا ہے

لوگ پڑھ لیتے ہیں تیری خطِ پیشانی میں
وقت کے ماتھے پہ جو کچھ کہ لکھا رہتا ہے

ہے ترے ہونے سے ہی زیست کی میرے رونق
تو اگر یار نہ ہو زیست میں کیا رہتا ہے

کس کو معلوم کہ کب وا ہو ترا بابِ قبول
دل تو ہر وقت ہی مشغولِ دعا رہتا ہے

کھل ہی جاتا ہے کبھی چہرے سے رازِ الفت
زخم کی طرح جو سینے میں سجا رہتا ہے

کب بنی رہتی ہے ہر وقت کسی کی اس جا
کس کا یہ پیرِ فلک یار بنا رہتا ہے

درد پہلو سے جدا ہو نہیں سکتا صاحبؔ
پھول کے ساتھ ہی کانٹا بھی لگا رہتا ہے

۱۶ر جنوری سنہ ۱۹۸۳ء

چلی وہ چال جدا کر دیا مجھے سب سے
نباہتے تو بڑی بات تھی کسی ڈھب سے
ترے بدن کی مئے آتشیں کا جام پیئے
میں پھنک رہا ہوں خود اپنے ہی جسم میں کب سے
ہم اور وہ متوازی خطوط ہیں دائم
رواں دواں ہیں عدم کو یہ قافلے کب سے
لگی نہیں ہے پلک سے پلک جدائی میں
وہ چپ لگی کہ جدا لب نہیں ہوا لب سے
اندھیری رات ہے ان کا مقدر اے صاحبؔ
بچھڑ گئے جو شبِ ماہ۔ ماہِ نخشب سے

۱۶ر جنوری سنہ ۱۹۸۳ء

جہاں میں آسرا کوئی نہیں ہے
غریبوں کا خدا کوئی نہیں ہے

مزہ باقی نہیں اب زندگی میں
کہ تجھ سا بیوفا کوئی نہیں ہے
اڑاتے خاک ہیں کوئے بُتاں میں
اگرچہ مدعا کوئی نہیں ہے
محبت کی نہیں منزل معیّن
معیّن راستہ کوئی نہیں ہے
سزا وارِ سزا اک ہم ہی ٹھہرے
وگرنہ بے خطا کوئی نہیں ہے
گلہ کس سے بھلا کرتے ہو صاحبؔ
یہاں پر آپ کا کوئی نہیں ہے

○

۱۶ ر جنوری سنہ ۱۹۸۳ء

چرچے چمن میں جس بُتِ ارماں شکن کے ہیں
ہم بھی تو پائمال اسی گلبدن کے ہیں
ساقی سے آنکھ مل کے جو پلٹی تو یوں لگا
گردش میں جیسے جام شرابِ کہن کے ہیں
دل کشمکش میں زلفِ دوتا کی ہوا دو نیم
تیور جو کل تھے آج بھی دار و رسن کے ہیں

اے گردشِ مدام ذرا دیکھ بھال کے
ہم بھی اسیرِ زلفِ شکن در شکن کے ہیں

ملتی نہیں ہے مل کے جو ہم سے ہزار بار
مارے ہوئے اس اک نگہہِ پُر فتن کے ہیں

اے کاش کوئی محرمِ رازِ نہاں ملے
گوشے ہزار ایک جہانِ سخن کے ہیں

اشعار میں مرے ۔ رُخِ رنگیں کا رنگ ہے
جھڑتے ہوئے یہ پھول تمہارے دہن کے ہیں

تخیل پر مرے پرِ پرداز کے تمام
جو نقش ہیں وہ تیرے خطوطِ بدن کے ہیں

ہم کشتگانِ خنجرِ تسلیم اے ندیم
منت پذیر کب کسی گور و کفن کے ہیں

جس گل کے دم قدم سے گلستاں میں ہے بہار
گلہائے رنگ رنگ اسی کے سخن کے ہیں

وہ مضمحل کیا ترے دردِ فراق نے
ہر سانس پر نشان ہماری تھکن کے ہیں

جو گل کھلائے طبع نے میرے کے ہیں کنول
روشن یہ شب چراغ مرے فکر و فن کے ہیں

اے دوست تیرے داغ جدائی کے ساتھ ساتھ
کچھ زخم خنجرِ دہنِ طعنہ زن کے ہیں
دُردی کشِ محرمِ اسد اللہ خاں ہوں میں
جلوے مری نظر میں خدائے سخن کے ہیں
صاحب ہیں وقتِ صبح بساطِ نجوم ہم
بجھتے ہوئے چراغ کسی انجمن کے ہیں

○

۵ر فروری سنہ ۱۹۸۳ء
سوجھے کیونکر راہِ حیات
رات اندھیری اور برسات
جگمگ جگمگ ظلمِ دوراں
کون کہے گا دن کو رات
جھوٹ کی جھولی بھر لی جائے
کام نہ آئے سچی بات
دیس پرایا لوگ پرائے
کس کو سنائیں اپنی بات
ساتھ ہمارا وہ کیوں دیں گے
وہ بھی بدلے وقت کے سات

شب کے اندھیرے فاتحِ دورِ کُل
دن کا مقدّر مات پہ مات
یکہ و تنہا ذاتِ واحد
اتنے سارے لات و منات

زاہدِ خشک ہے پانی پانی
خوش ہے رندِ خوش اوقات
قاتل نظریں۔ تیغ ادائیں
بات سراسر قند و نبات
دل کا مقدر سمجھو صاحب
دردِ محبت کی سوغات

○

۷ / مارچ ۱۹۸۳ء
نوید دیدۂ شمس و قمر کیا
نظارا تا بدامانِ نظر کیا
جلایا ہے بہت عشقِ بتاں میں
نہ ہوگی آہ میری با اثر کیا
تو جب چاہے قبولیت سے آئے
دعا کے واسطے شام و سحر کیا

لہو رو کر سرِ بالیں بھگو یا
حبابِ قطرۂ اشک گہر کیا
فراغت پا چکے ہیں دو جہاں سے
تردّد گور کا کیا اور گھر کیا
وہ بُت رونے سے میرے موم کیوں ہو
کہ ہو باراں کا پتھر پر اثر کیا
پسینہ کیا لہو تک ہو گیا خشک
نہ دو گے میری محنت کا ثمر کیا
بناتا مجھ کو سنگِ در ہی اپنا
بنایا قعرِ دریا کا گُہر کیا
خرامِ فتنہ ساماں دیکھ صاحبؔ
زمیں ہو جائے گی زیر و زبر کیا

○

۲۵؍ فروری ۱۹۸۳ء

ترے فراق کی جس آگ میں جلا ہے دل
اس التہاب میں سورج پگھل گیا ہوتا
کھلونے اور بھی مٹی کے تھے ہزار مگر
اک آپ سے ملتے مرا دل بہل گیا ہوتا

تمہاری چشمِ غزالہ کی ایک جنبش سے
مری حیات کا نقشہ بدل گیا ہوتا
لپٹتا تم سے اگر میں تو مثلِ پروانہ
تمہارے لمس کے شعلے سے جل گیا ہوتا
مٹی نہ مٹنے سے بھی آپ کی انا صاحب
جو کوہ بھی کوئی ہوتا تو ٹل گیا ہوتا

○

۹ر مارچ ۱۹۸۴ء

امروز سے فردا مجھے بدتر نظر آیا
کانٹا تھا جو کل کا وہ گُلِ تر نظر آیا
اس شہر میں ویراں مجھے ہر گھر نظر آیا
جس گھر پہ نظر کی وہی بے در نظر آیا
کیا خاک نظر آتے مجھے اپنے خد و خال
آئینے کا چہرہ بھی مکدر نظر آیا
جو ہاتھ کہ تھا پھول کی ڈالی سے بھی نازک
اس ہاتھ میں تُلتا ہوا پتھر نظر آیا
معیارِ زمانہ پہ ہوں میں سر بگریباں
خفاش کو گوہر بھی تو پتھر نظر آیا

وہ خواب جو شرمندہ تعبیر نہیں ہے
وہ خواب سہانا مجھے اکثر نظر آیا
بے لوث کبھی طالبِ شہرت نہیں ہوتا
کب آنکھ کو بنیاد کا پتھر نظر آیا
کیا حال مصائب کا سنائیں تجھے صاحب
جس قطرہ کو چیرا وہ سمندر نظر آیا

O

۹؍ اپریل سنہ ۱۹۸۳ء

چھپا کے سب سے مجھے اپنے گھر بسایا تھا
ہم اپنا جس کو سمجھتے رہے پرایا تھا
تمام عمر کڑی دھوپ میں گذاری ہے
تمام عمر بس اک موت ہی کا سایا تھا
غمِ دراز نفس ربط کو بھی توڑ دیا
دگرنہ آنکھ بھر آئی جو دل بھر آیا تھا
گلہ کریں تو کریں کس سے بیوفائی کا
فریب کھایا تو خود اپنے دل سے کھایا تھا
وہ دشتِ نور تھا یارب کہ نارکا عالم
جو مجھ سے بھاگ رہا تھا وہ میرا سایا تھا

جو مجھ سے لے کے گیا تھا نباہ کا وعدہ
وہ کون تھا جو ترا روپ لے کے آیا تھا
بہت دنوں میں کہیں جا کے یہ کھلا صاحب
وہ شخص جس پہ میں مرتا رہا پرایا تھا

۷ر اپریل ۱۹۸۳ء

گم ہوئے ہم جو آپکو پا کر
قطرہ دریا میں آ ملا جا کر
راہِ مہر و وفا سے گھبرا کر
ہو گئے دُور وہ قریب آ کر
دیکھکر اسمیں اپنا خونِ جگر
چُھٹ گیا جام ہاتھ میں آ کر
ہے یہ آسیب کا سا دشتِ بلا
تو نے چھوڑا ہمیں کہاں لا کر
گردشِ انقلابِ پیہم سے
گر پڑے کتنے لوگ چکرا کر
بعد ترکِ جفا بھی وہ صاحب
ہم سے ملتے نہیں ہیں شرما کر

○

۱۷ اپریل سنہ ۱۹۸۳ء

دل پر جو گذرتے ہیں وہ صدمات لکھونگا
جو دل سے نکلتی ہے وہی بات لکھونگا

گذرے گی رہِ راست مگر دار سے ہوکر
دن ہوگا تو میں کیسے اسے رات لکھونگا

ہو تیرا بُرا شدتِ جذباتِ محبت
تجھ کو سببِ ترکِ ملاقات لکھونگا

تقدیر کے لکھے کی طرح لکھونگا اُلٹا
خاموشی کو تیری، میں تری بات لکھونگا

یہ کرب، یہ اُلجھن یہ تپش اور یہ آنسو
ان سب کو ترے حسن کی سوغات لکھونگا

شاعر کا قلم ہوں میں، مورخ نہیں صاحبؔ
کب تک غمِ مجبوریٔ حالات لکھونگا

○

۱۷ اپریل سنہ ۱۹۸۳ء

منہ نہ ہم سے چھُپایئے صاحب
چاند سا رخ دکھلایئے صاحب

ایک پردہ اُٹھائیے صاحب
ایک پردہ گرائیے صاحب
آپ کو اختیار حاصل ہے
دل جلوں کو جلائیے صاحب
ہم بھی آنکھیں بچھائے بیٹھے ہیں
اس طرف بھی تو آئیے صاحب
آشیانہ بنا کے رکھا ہے
آگ لیجئے۔ لگائیے صاحب
دل کی چوری کہیں نہ کھُل جائے
یوں نہ آنکھیں چُرائیے صاحب
اک زمانے کے بعد تو آئے
لوٹ کر اب نہ جائیے صاحب
مدتوں سے ہوں گوش بر آواز
کوئی نغمہ سنائیے صاحب
آپ محشر خرام جب ٹھہرے
روز فتنے اُٹھائیے صاحب
ایک ہی وضع کیوں ستم کی ہو
نت نئے ظلم ڈھائیے صاحب
اب تو عشق بتاں سے اے صاحب
ہاتھ اپنا اُٹھائیے صاحب

○

۱۸ر اپریل ۱۹۸۳ء

کوئی ققنس کوئی شاہین تہِ دام سہی
آتشِ عشق سہی آتشِ بے نام سہی
جس کو حاصل نہ ہوا ہالۂ آغوشِ صنم
آے اجل خوابِ عدم کا اسے آرام سہی
تیرے ایوان کی دیوار بہت اونچی ہے
مُشتِ پر طائرِ مشتاق سرِ بام سہی
گر نہیں ماہِ شبِ چاردھم کا ملنا
مہ جبیں ایک جھلک تیری سرِ شام سہی
دن بھی تھا میرا بہر رنگ ہنگامِ خسوف
میرے اشعار سراپردۂ ابہام سہی
تا گلہ تک نہ رہے طالعِ خوابیدہ سے
مرگ کے بعد کا حاصل کوئی انعام سہی
تا کجا اپنی خلاؤں کی سی بے جان حیات
شادیٔ مرگ کا یارب کوئی پیغام سہی
زندگی گر نہیں دیتی ہے نہ دے آبِ حیات
کم سے کم قسمتِ سقراط کا اک جام سہی

ان کے ملنے کی توقع پہ ہوں زندہ صاحب
زندگی تیرے لئے اک ہوسِ خام سہی

○

۱۸؍اپریل سنہ ۱۹۸۳ء

آپ آئے نہ بلایا ہی بلانے کی طرح
اک دکھاوا تھا بہانہ تھا بہانے کی طرح
ایک پل کے لئے میں تجھ سے نہیں ہوں غافل
یاد رکھا ہے مجھے تونے بھلانے کی طرح
داغ دل پر جو ترے عشق میں اے دوست ملے
ان کو سینے میں چھپایا ہے خزانے کی طرح
کیوں دھواں اس سے نکلتا ہی چلا جاتا ہے
شمعِ دل تونے بجھائی نہ بجھانے کی طرح
بھول کر راہ کو منزل نہ بناؤ صاحب
سیکھو دنیا سے اسے چھوڑ کے جانے کی طرح

○

۸؍فروری سنہ ۱۹۸۳ء

جب ہم کو میکدے میں لپکنے کا شوق تھا
پیمانہ و سبو کو کھنکنے کا شوق تھا

آتشِ بے نام ۱۵۰ صاحب حیدرآبادی

خاموش مثلِ غنچۂ لب بند وہ بھی تھے
بلبل کی طرح جن کو چہکنے کا شوق تھا

ذرّے بھی جن کے دہر میں چمکے نہ ایک پل
سورج کی طرح ان کو چمکنے کا شوق تھا

جل بھی چکا ہے نالۂ آتشِ نفس سے دِل
جس لعلِ آتشین کو دہکنے کا شوق تھا

نافے کی طرح دشتِ فنا میں وہ دفن ہیں
گلشن میں جن کو کھِل کے مہکنے کا شوق تھا

سرگشتہ خمار ہیں زانو پہ دَھر کے سر
جن میکشوں کو پی کے بہکنے کا شوق تھا

سر میں بجز ہوا کے نہ تھا کچھ حباب کے
سیلِ فنا میں جس کو اُبھرنے کا شوق تھا

روشن بھی جلوہ گاہ کی مانندِ چشمِ تر
شعلوں کو حُسن بن کے لپکنے کا شوق تھا

صاحبؔ ہیں مثلِ جام بھی آج سرنگوں
حضرت کو میکدے میں چھلکنے کا شوق تھا

○

۲۴ راکتوبر ۸۲ء

ہُوا اقرار الفت کا زباں سے
گری اک اور بجلی آسماں سے

یقیں حاصل ہوا وہم و گماں سے
خدا بھی مل گیا عشقِ بتاں سے

لبِ شیریں ہے اعجازِ مسیحا
زباں کا سحر ہے حسنِ بیاں سے

ہوئی بیداد، دادِ سخت جانی
گذرتے روز ہیں اک امتحاں سے

مکینِ دل سے الفت کا چھپانا
چھپانا راز کا ہے رازداں سے

خلوصِ فن ہے اس کا نام شاید
کرے اقرار دشمن بھی زباں سے

بھروسہ خاک اس پہ ہو سکے گا
عمل ہو مختلف جس کا بیاں سے

خدا ہے ناخدا کشتی کا صاحبؔ
ہمیں کیا کام بادو بادباں سے

○

۲۰؍ فروری سنہ ۱۹۸۳ء

دلِ مُردہ میں زندگی ہے ابھی
بند کمرے میں روشنی ہے ابھی

زندگی بھر وہ ساتھ تھا پھر بھی
زندگی اس کو ڈھونڈتی ہے ابھی

دورِ انسانیت ہے دور بہت
آدمی جیسا آدمی ہے ابھی

دل ہے جامِ جہاں نما اپنا
گرد جس پر جمی ہوئی ہے ابھی

ایسی کشتی پہ ہم سوار ہوئے
تیرتی ہے نہ ڈوبتی ہے ابھی

کتنے دریا بہا دیے تو نے
تشنگی میری تشنگی ہے ابھی

بے کفن لاش دفن کیوں ہو گی
بیکسی تن کو ڈھانکتی ہے ابھی

ناامیدی ہو کیوں تمو سے مجھے
کشتِ امید میں نمی ہے ابھی

زندگی اپنی کیا کہوں صاحبؔ
ان کے کاکل کی برہمی ہے ابھی

○

۷ / مارچ ۱۹۸۳ء

مشکبو کوئی ہے خوشبو سے کوئی خالی ہے
میری قسمت ترے گیسو کی طرح کالی ہے

یوں تو دنیا میں سبھی کچھ ہے مگر تو جو نہیں
زندگی میری خلاؤں کی طرح خالی ہے

محفلِ دہست عجب بزم طرب ہے کہ جہاں
دن دسہرا ہے تو شب نور کی دیوالی ہے

وصل کی شب بھی مرا گریۂ پیہم نہ تھما
اُف یہ برسات بھی اوکالی سی اوکالی ہے

ابنِ آدم کے مقدّر سے یہ پوچھے کوئی
کیسی افتاد ہے یہ، کیسی زبوں حالی ہے

مجھ پہ یلغارِ حوادث ہے وہ صاحبؔ کہ نہ پوچھ
یعنی خود موت مری زیست کی رکھوالی ہے

○

۷ جنوری ۱۹۸۳ء

اِدھر وارفتگی دیوانگی ہے
اُدھر جیسے محبت کی کمی ہے

وہی بے بہری وہی بے بہرگی ہے
پرانا دوست اپنا اجنبی ہے

چھپا لی زلف نے روشن جبینی
اندھیرے ہی میں ساری روشنی ہے

سرِ مژگاں وہ ان کا اشک لرزاں
مرے سینے میں ہیرے کی کنی ہے
مسی آلودہ لب پر مسکراہٹ
یہ زہر آتشؔ میٹھے بھی ہم نے پی ہے
کمی اس کی ہے اس دنیا میں جس کو
نظر حدِّ نظر تک ڈھونڈتی ہے
نہ پوچھو شامِ غم کا حال صاحبؔ
ہر اک شئے میں کسی شئے کی کمی ہے

○

۴؍ فروری سنہ ۱۹۸۳ء

کر دیا کیوں شبِ تنہا کے حوالے مجھکو
غم کا مارا ہوں گلے آکے لگالے مجھکو
خاک اربابِ وفا کی ہے بنے گی اکسیر
آتشِ غم کی خوشی ہے تو تپالے مجھکو
ہوں گُہرِ اشک مجھے خاک کا لقمہ نہ بنا
چُن کے پلکوں سے تو آنکھوں پہ بٹھالے مجھکو
سب یہ تاثیر سیہ بختی کی زائل ہوجائے
اپنے زلفوں کی سیاہی میں چھپالے مجھکو

اب یہ عالم ہے کہ خود آپ سے بیگانہ ہوں
اب تو دزدیدہ نگاہی سے بچالے مجھکو

دربدر تجھ سے ہوں۔ تنہائی سی تنہائی ہے
کون ہے جو تری محفل سے نکالے مجھکو

گلبدن تو ہے تو خوشبوئے بدن میں بھی ہوں
اپنے پیراہنِ ہستی میں بسالے مجھکو

اب مجھے صبحِ وطن شام لحد ہے صاحب
سائے کی طرح ڈراتے ہیں اُجالے مجھکو

○

۲۴ر فروری ۱۹۸۳ء

فساد ایسا مچایا ہے یار لوگوں نے
فلک کو خون رلایا ہے یار لوگوں نے

ملا کے خاک میں خوں کتنے بے گناہوں کا
کچھ اپنا رنگ جمایا ہے یار لوگوں نے

ہزار سال کے اشفاق و مہر دانساں کو
پلک جھپکتے بھلایا ہے یار لوگوں نے

ہماری قوم کو اقوام کی نگاہوں میں
ذلیل کر کے دکھایا ہے یار لوگوں نے

جو شہر چشمۂ ظلمات تھا کبھی صاحبؔ
اسی میں زہر ملایا ہے یار لوگوں نے

○

۲۵ اپریل ۱۹۸۳ء

جلا ڈالا تجھے مٹی تری برباد کی میں نے
نہ جانی قدر تیری اے متاعِ زندگی میں نے

تلاشِ چشمۂ ظلمات میں عاجز ہوا تھک کر
تو پھر زہراب ہی پی کر مٹالی تشنگی میں نے

بنا حق میں مرے اک جامِ جم سقراط کا ساغر
یہی صہبائے خوش انجام بالاقساط پی میں نے

انا کا ہو بُرا اس نے کہیں کا بھی نہیں رکھا
اسی کی نذر کر دی ہر بڑی چھوٹی خوشی میں نے

مسافر کے لیے لازم ہے کلفت راہِ ہستی کی
تعجب کیا اگر دیکھی نہ ہو آسودگی میں نے

بہت اچھا کیا تونے جفا کی۔ بیوفائی کی
وفا قائم کر کے کونسی دیکھی خوشی میں نے

خدا شاہد ہے سینچا ہے چمن کو خونِ دل دے کر
خدا شاہد نہ کی صاحبؔ کوئی اس میں کمی میں نے

○

۲۶ / اپریل ۱۹۸۳ء

قدم گھر سے نکلتا ہے نہ کوئی کام ہوتا ہے
تصوّر میں تکلّم تیرا صبح و شام ہوتا ہے

کبیدہ خاطری کیوں ہو پیامِ مرگ سے اے دل
طرب انگیز وصلِ یار کا پیغام ہوتا ہے

بھڑک اُٹھتا ہے آخر آتشِ خاموش سے شعلہ
چھپا رازِ محبت اور طشت از بام ہوتا ہے

نہ جانے کس نے پائی ہے وصالِ یار کی دولت
یہاں تو داغِ حسرت عشق کا انعام ہوتا ہے

مقدر کس نے بدلا ہے خدا کے ماسوا صاحبؔ
یہ سرکش جذبۂ قدرت کسی سے رام ہوتا ہے؟

○

۲۷ / اپریل ۱۹۸۳ء

وہ سمجھتا ہے بھُلایا ہوا اک خواب مجھے
اشکِ حسرت نے مرے رکھا ہے شاداب مجھے

سیلِ غم سر سے کبھی میرے گزر جاتا تھا
سات دریا بھی ہیں اب خیر سے پایاب مجھے

اے درِ یار گدائی کی تری دین ہے یہ
کمتر از خاک ہوئے مخمل و کمخواب مجھے

ہونٹ منہ خشک ہیں خوں خشک ہے ویران آنکھیں
اشک کی بوند ہے اب گوہرِ نایاب مجھے

آدمی دہر میں مجبورِ محض ہے صاحب
مضطرب خود کو رکھا یار نے بیتاب مجھے

○

۲۷ر اپریل سنہ ۸۳ء

داغہائے دل کی صورت میں ہے ترکہ نُور کا
آنکھ کا سُرمہ بنا ہے سنگ کوہِ طُور کا

کیوں ہوس کرتے کہ دیکھیں جا کے چہرہ حُور کا
اُس رخِ روشن سے جب بہتا ہے دریا نور کا

یہ جہانِ نیش زن یعنی مکاں زنبور کا
ہے یہاں کے دن میں ہر منظر شبِ عاشور کا

لے امانت اپنی واپس دینے والے درد کے
غیر ممکن ہے سنبھلنا اب دلِ رنجور کا

ہاتھ خالی چل پڑے ہم جانبِ مُلکِ عدم
لوگ کہتے ہی رہے۔ دیکھو سفر ہے دُور کا

جام کے پردے میں جیسے دُخترِ رز ہے بے نقاب
ہر عمارت سے چھلکتا ہے لہو مزدور کا

اب کھُلا مجھ پر کہ تُو کن بند شفوں میں بند ہے
اپنا ملنا ہے ملن۔ مجبور سے مجبور کا

ہے وفا کا کچھ تقاضہ دہر کا کچھ اور ہے
آہ کیا کیجے نہیں ان میں تعلق دور کا

کس کے بس کی بات ہے انصاف پر مبنی نظام
مرگ ہی مرہم ہے صاحب آپ کے ناسور کا

○

۲۸ر اپریل سنہ ۱۹۸۳ء

ہے مرے حق میں وہی گنجِ گہر مجھ پہ کھُلا
رہنے دے یار کا یا رب مرے در مجھ پہ کھُلا

دو قدم جو بھی چلا ساتھ رہِ الفت میں
ہمسفر میرا بدورانِ سفر مجھ پہ کھُلا

ایک بھی شعر مرا یاد نہیں دِلبر کو
اس کسوٹی پہ جو پرکھا تو ہنر مجھ پہ کھُلا

اک ذرا وقت کے پہلو ہی بدلنے کی تھی دیر
دوڑ سے غمخوار مرے لے کے تبر مجھ پہ کھُلا
کوہِ عصیاں کو بہالے گیا مثلِ پرِ کاہ
بن کے دریائے کرم دیدۂ تر مجھ پہ کھُلا
بند ہونے کو ہے اب آنکھ مری۔ بہرِ خدا
اور کچھ دیر رہے بابِ اثر مجھ پہ کھُلا
تیرگی بخت کی کھلتی ہے بالآخر صاحبؔ
رازِ سربستہ بہنگامِ سحر مجھ پہ کھُلا

○

۳۰ر اپریل ۱۹۸۳ء

مزاج یار سے ہم اختلاف کیا کرتے
لکھا جو لائے تھے اس کے خلاف کیا کرتے
جہاں پہ کھُل کے کبھی کوئی بات ہی نہ ہوئی
وہ ہمکو اور ہم ان کو معاف کیا کرتے
غبار جن کی طبیعت میں تا حیات رہا
وہ ہم سے بات کوئی صاف صاف کیا کرتے
ہمیں کو موردِ الزامِ عشق ٹھہرایا
پھر اپنے جرم کا وہ اعتراف کیا کرتے

جو ایک جلوۂ تاباں میں جل کے خاک ہوئے
بتا اے شمع کہ اب وہ طواف کیا کرتے

وفا شناس نہیں ہیں خود اپنی ذات سے ہم
خراشِ آئینۂ دل کو صاف کیا کرتے

ہزار جان سے ان پر فدا ہے صاحبؔ
جو پوچھتا کوئی ہم انحراف کیا کرتے

یکم مئی ۱۹۸۳ء

تری ٹھوکر سے کتنے سوتے فتنے جاگ اُٹھے ہیں
قیامت کا گماں گذرا تری رفتار پر کیا کیا

نہ جانے کس طرح الفت کا بھانڈا پھوٹ جاتا ہے
لکھے ہیں نام لڑکوں نے تری دیوار پر کیا کیا

کھلے ہیں قتلِ ناحق سے تیری شمشیر کے جوہر
جلا دی ہے مرے خوں نے تری تلوار پر کیا کیا

نہ دکھایا زحق گوئی سے ہم کو دار کے ڈر نے
جلے اغیار اپنی جراءت اظہار پر کیا کیا

گئے تم یاں سے کیا بجلی گری سارا چمن اُجڑا
اداسی چھا گئی میرے در و دیوار پر کیا کیا

تغافل نے ترے دکھا نہ جس کو در خورِ محفل
لگی ہیں تہمتیں ناحق دلِ خود دار پر کیا کیا
بنی قسمت کا اُٹھا گردشِ چشمِ صنم صاحب
تصدق جان و دل ہیں اک نگاہِ یار پر کیا کیا

○

۱۴ر مئی ۱۹۸۳ء

تیغِ قاتل کی کھلی جوہرِ غم مجھ پہ کھلا
جو ہے در پردہ کرم وہ ہے ستم مجھ پہ کھلا
جب سیہ بختی نے تاثیر دکھادی اپنی
رہنمائی کو، تری زلف کا خم مجھ پہ کھلا
دوڑتا پھرتا تھا جو میرے رگ و ریشہ میں
مرگ کے بعد وہ گلگونۂ سم مجھ پہ کھلا
کھل گیا بندِ قفس آپ سے آپ اے صاحب
سانس کی تیغِ دو دم کا جو بھرم مجھ پہ کھلا

○

۶ر مئی ۸۳ء

ہماری خاک سے شعلہ کبھی بلند نہ ہو
ہماری طرح کوئی چاہِ غم میں بند نہ ہو

تری نظر میں ہنر کوئی ہو نہیں جچتا
تو یار چشم اب اتنی بھی خود پسند نہ ہو
کوئی تو حد ہو ترے جور کی جہاں کیلئے
فلک سے بڑھ کے ترے ہاتھ میں کمند نہ ہو
ستایا جو نہ زمانے کا ہو، ستائے ہمیں
وہ توڑے دل کو ہمارے جو درد مند نہ ہو
بس ایک آہِ رسا ہی سے اپنا کام بنے
ہمارے قابو میں اس کے سوا کمند نہ ہو
ادا یہ خاک سے سیکھی ہے ہم نے اے صاحبؔ
سبھی بلند ہوں اس سے وہ خود بلند نہ ہو

○

۷/ مئی ۱۹۸۳ء

کو بکو حسرتِ دیدار لئے پھرتی ہے
جستجو تیری مرے یار لئے پھرتی ہے
رکھا سرگشتہ مسیحا کی طلب نے دائم
دربدر گردشِ پرکار لئے پھرتی ہے
چین لینے نہیں دیتی مجھے اک پل کے لیے
عشق کی دولت بیدار لئے پھرتی ہے

یوں تصوّر میں جما تیرے مکاں کا نقشہ
آنکھ تیرے در و دیوار لئے پھرتی ہے

ہم کو انصاف ملا کب ہے زمانے بھر میں
ہر جگہ اک خلشِ خار لئے پھرتی ہے

تیری فرقت میں نہ جیتے ہیں نہ ہم مرتے ہیں
زندگی موت کی تلوار لیے پھرتی ہے

مست ہوں پیرہنِ یار کی بُو سے صاحبؔ
کر کے بیخود مئے سرشار لئے پھرتی ہے

○

۷ / مئی سنہ ۱۹۸۳ء

وحشتِ دل کو خود اپنی اس طرح کم کیجئے
سورۂ اخلاص پڑھ کر دم بدم دم کیجئے

ہیں ہزاروں خواہشیں دل میں انہیں کم کیجئے
ہے رضائے دوست جب، میں اُس طرف رم کیجئے

نبھ نہیں سکتا کسی سے جسم و جاں کا ارتباط
کس توقع پر یہاں پھر ربط محکم کیجئے

ہو نظر پیدا تو یہ مٹی بہت زرخیز ہے
اشکِ چشمِ گوہر افشاں سے اگر نم کیجئے

دل ہے اک آئینۂ روشن جمالِ یار کا
بادۂ الفت سے ایسے جام کو جم کیجئے
اُٹھ گئیں دنیا سے کتنی صورتیں احباب کی
کم ہے صاحبؔ جس قدر بھی ان کا ماتم کیجئے

○

۷ مئی ۱۹۸۳ء

خار و خس کی طرح کیوں سوختہ ساماں رہیئے
مسکراتے ہوئے مثلِ گُلِ خنداں رہیئے
سرد ہے رہن چمن، مرغِ اسیرِ گل ہے
رہیئے جس حال میں صد رشکِ گلستاں رہیئے
گنجِ مخفی سے بھرے جائیں گے سینے شاید
اس خرابے میں اگر رہیئے تو ویراں رہیئے
ہر قدم پر ہے یہاں ایک جہانِ عبرت
مثلِ گوہر سرِ نوکِ مژہ لرزاں رہیئے
لائقِ سوختنی زینتِ گیتی ہے تمام
دودِ آتش کی طرح پا بہ گریزاں رہیئے
خاک بن کر رہِ یار میں رہیئے صاحبؔ
خاک ہونے پہ بھی وابستۂ داماں رہیئے

۸ر مئی ۱۹۸۳ء

خونِ دل اشک کی صورت میں جو ڈھل جاتا ہے
غور سے دیکھو تو ہر قطرہ میں اک دریا ہے

محوِ حیرت ہوں کہ کیا آپ شبِ غم آئے
یا ستارہ مری تقدیر کا یوں چمکا ہے

یہ صدا آئی، ہوئی بند جو چشمِ عبرت
دیکھنا اب ہے۔ ابھی آپ نے دیکھا کیا ہے

بے تکلف ہیں بہت آپ جو اغیار کے ساتھ
پردہ رکھنا ہے تو محرم سے روا رکھنا ہے

آپ کو چاہا تھا بس آپ کو پانے کے لیے
خود کو کھو دینا ہے، انجامِ محبت کیا ہے

تم جو حاصل نہ ہوئے اور ہوئی عمر تمام
زندگی کا مری مفہوم ابھی تشنہ ہے

نظمِ میخانہ کی جانب بھی نظر کر ساقی
جس کو ملنا تھا وہی شخص یہاں پیاسا ہے

آپ آغاز بھی ادراک کی آخر حد بھی
اس کے آگے کوئی منزل نہ کوئی جادہ ہے
قدِ آدم کے برابر مرے قد سے صاحبؔ
ہمنشیں میرا جو اس بزم میں ہے اونچا ہے

○

۹ مئی ۱۹۸۳ء

لاگ اس شعلہ بدن سے ایک فتنہ خیز ہے
آگ جنگل کو لگی ہے اور ہوا بھی تیز ہے
چاہتے ہیں مثلِ آئینہ رہے پیشِ نظر
وائے قسمت آئینہ رو اپنا کم آمیز ہے
ہم بہے جاتے ہیں مثلِ خار و خس بے اختیار
زندگی طوفان ہے اور غم کا دھارا تیز ہے
ایک جھلک اس ماہ کی ہم پر قیامت ڈھا گئی
تیل جیسے آگ پر یا اسپ کو مہمیز ہے
ہم ہیں مثلِ ماہیٔ بے آب جس کے واسطے
رونمائی سے بھی اس مہتاب کو پرہیز ہے
ہے وہی رنگِ تغزل اپنی خاطر کو پسند
جس کی بندش چست ہے مضمون فکر انگیز ہے

اب کسی کی الٹی سیدھی بات سننے کے نہیں
دیکھنا پیمانہ صاحبؔ صبر کا لبریز ہے

○

۹ر مئی ۱۹۸۳ء

یہ میری ذات مری کائنات بن جائے
تری نظر نگہِ التفات بن جائے
کہاں تلک یہ رہے، عمر قید، تنہائی
یہ قید و بند ہی راہِ نجات بن جائے
ہو زہر بھی تو ترے لمس سے ہو آبِ حیات
غمِ حیات نشاطِ حیات بن جائے
وہ ضد سے غیر کی۔ میرے قریب آیا ہے
خدا کرے کہ بگڑنے میں بات بن جائے
ترے قدم سے مری رات ہو شبِ مہتاب
شبِ فراق مری شبِ برات بن جائے
ہو تیرا ساتھ تو کانٹے بھی پھول بن جائیں
یہ خار زار، گلستاں کا باب بن جائے
جو تلخ گھونٹ ہے حلقوم میں مرے صاحبؔ
کرم ہو اس کا تو قند و نبات بن جائے

صاحب حیدرآبادی

۱۰ر مئی ۱۹۸۳ء

جیسی تقدیر ہے ویسا موسم
ویسے ہم کو ہے گوارا موسم

ہے جوانی کا زمانہ تیری
کتنا اچھا ہے یہ پیارا موسم

بزم ہے تیری گلستانِ بہار
فصلِ گل انجمن آرا موسم

زلفِ مشکیں کی مہک سے تیری
عطر در گل عنبر سارا موسم

کم سے کم میرے فنا ہونے تک
باقی رہ جائے تمہارا موسم

ایک جھونکا تھا ہوا کا کیا تھا
آنکھ کھولی تو سدھارا موسم

نہ رہا ہے نہ رہے گا صاحب
آپ کا ہو کہ ہمارا موسم

○

۱۰ مئی ۱۹۸۳ء

اپنی آنکھوں کے ہیں ٹوٹے ہوئے تارے آنسو
تیرے دامن کیلئے ہیں یہ ہمارے آنسو

روز افزونیٔ آلام سے اندیشہ ہے
رائیگاں آب نہ بن جائیں ہمارے آنسو

قطرے قطرے سے لہو کے یہ چھلک جاتے ہیں
بن کے دریائے الم بہتے ہیں سارے آنسو

دیتے دامن میں جگہ تم تو کوئی بات بھی تھی
بے ٹھکانہ ہیں ابھی تک یہ ہمارے آنسو

تھے تمہارے سرِ مژگاں جو بہنگام وداع
ہیں وہ صاحبؔ کیلئے جان سے پیارے آنسو

○

۱۲ مئی ۱۹۸۳ء

یاد تیری گلبدن رکھتی ہے بے قابو مجھے
قبر کا دامن ملے ملتا نہیں جو تو مجھے

لائی ہے بادِ صبا اے گُل تری خوشبو مجھے
چین آتا ہی نہیں ہے اب کسی پہلو مجھے

وحشتِ چشمِ غزالہ دعوتِ رم دے گئی
مار ڈالے گا ترا یہ جاگتا جادو مجھے

شام سے تا صبح شبنم کی طرح گریاں رہا
یاد جب آئی مرے گل پیرہن کی بُو مجھے

مست ہوں تیرے لبوں کی مئے سے اے غنچہ دہن
اپنے حلقے میں لئے ہے ہر خمِ گیسو مجھے

وصل کی رنگین شب صاحبؔ ہوئی خواب و خیال
یاد رلواتی ہے آکر خون کے آنسو مجھے

○

۱۸ر مئی ۱۹۸۳ء

آج آئے اس خرابے میں جو بھی وہ کل چلے
ہم بھی مثالِ پیرہنِ گل نکل چلے

راہِ طلب میں گرچہ نہیں کوئی ہمسفر
سائے کی طرح ساتھ ہمارے عمل چلے

جن کو عزیز جان سے رکھا تھا اے ندیم
ہر بات میں وہ بات کا پہلو بدل چلے

اشکِ فراق اپنے بھی ہیں روز و شب رواں
لیکن مثالِ شمع کہاں ہم پگھل چلے
آنکھیں بچھاتے اپنے لئے وہ تو بات تھی
صاحب دیارِ یار میں سر کے بل چلے

○

یکم جون ۱۹۸۳ء

طوافِ ساقیِ میخانہ صبح و شام کریں
غمِ حیات کو ٹھکرا کے غرقِ جام کریں
وفا کا نام و نشاں مٹ گیا زمانے سے
ڈھنڈورا پیٹ کے اب اس خبر کو عام کریں
کہاں تک اپنی تمنا کا ہم گلا گھونٹیں
تجھے بھی جراءتِ رندانہ بے لگام کریں
بہار فرشِ رہِ یار ہو گئی صاحب
چلو چمن میں چراغاں کا اہتمام کریں

○

۲ر جون ۱۹۸۳ء

وہ بساطِ شعر و نغمہ وہ حیات رنگ و نور
کھو گئی آخر کہاں یا ربّ یہ بتلادے کوئی

وہ مہک وہ قہقہے وہ روشنی وہ چہچہے
میرے خوابوں کی وہ دنیا ڈھونڈ کر لا دے کوئی

میں بھری محفل میں تنہا ہی رہا ہوں مثلِ شمع
لے کے اپنی باہوں میں اب مجھ کو بہلا دے کوئی

ایک دیوارِ خمیدہ کی طرح ہوں دشت میں
اے فریبِ زندگی آکر مجھے ڈھا دے کوئی

کس کو فرصت کون ملنے آئے گا شام و سحر
سال میں دو سال میں صورت ہی دکھلا دے کوئی

ان سے ملنے کا کوئی امکان تک باقی نہیں
میرے جینے کا ہے کیا مفہوم بتلا دے کوئی

بن گیا ان کے تغافل کا ہوں روشن آئینہ
یہ حقیقت کاش صاحبؔ ان کو بتلا دے کوئی

○

۲؍ جون ۱۹۸۳ء

ہوں پست قامتوں میں مگر سر بلند ہوں
میں اپنے گھر میں اپنی کتابوں میں بند ہوں

ہر حادثہ کے سامنے گو ہ بلند ہوں
سیلاب غم کے واسطے دریا کا ہوں بند

مجھ خاکسار سے ہے شرف گرچہ خاک کو
اہلِ جہاں یہ سمجھے بڑا خود پسند ہوں

اس روشنیٔ طبع میں جلتا ہوں رات دن
میں اپنی دار خود ہوں۔ خود اپنی کمند ہوں

چاہا تھا مجھ کو ٹوٹ کے اے یار کس لئے
کیا بات پھر ہوئی ہے کہ یوں ناپسند ہوں

تلخیٔ زمانہ بھر کی ہے شیریں کلام میں
میں جسم و جان سلسلۂ زہر و قند ہوں

وہ تیرہ بخت ہوں کہ زمانہ مثال دے
خورشید و مہ سے گرچہ ضیا میں دوچند ہوں

سارے جہاں کا درد ہی صاحب جگر میں ہے
میں جانِ خونچکاں ہوں دلِ دردمند ہوں

۲۱ر جون ۱۹۸۳ء

صبا کو زلفِ شکن در شکن سے ربط رہے
مرے جنوں کو ترے پیرہن سے ربط رہے

مری غزل کے مہکتے ہوئے بدن کے لئے
اے غنچہ لب ترے کام و دہن سے ربط رہے

مرے سبب نہ ہو افسردہ تیری بزمِ طرب
چراغِ کشتہ کو کیوں انجمن سے ربط رہے

لکھا ہے نام وطن کا جو اپنے نام کے ساتھ
وطن کا کچھ تو غریب الوطن سے ربط رہے

ہیں گرچہ خار و خسِ گلستاں سہی صاحبؔ
چمن پرست ہوں میرا چمن سے ربط رہے

○

۳؍ جون ۱۹۸۳ء

تیرے قدموں تلے تھا رنگِ حنا
حسرتِ پائمال تھی کیا تھی

ہم کو جینے کا ڈھنگ کب آیا
زندگی بھی کمال تھی کیا تھی

میلا میلا تھا دل کا آئینہ
گردِ رنج و ملال تھی کیا تھی

منہ چھپانے میں تیرے اے قاتل
صورتِ انفعال تھی کیا تھی

ہیں بہت خوش اتار کر سر سے
زندگانی وبال تھی کیا تھی

ہر گھڑی کا حساب دینا ہے
ہر گھڑی بے مثال تھی کیا تھی
غم رہا جس کا عمر بھر صاحبؔ
وہ خوشی لازوال تھی کیا تھی

۶؍ جون سنہ ۱۹۸۳ء

تیرے صدقے ترے قربان گئے
مرنے والے کے نہ ارمان گئے
دل میں طوفان اُٹھانے والے
اجنبی کی طرح انجان گئے
بھیڑ میں لاکھ چھپایا خود کو
ہم مگر آپ کو پہچان گئے
کس سلیقے سے چھڑایا دامن
یارِ برگشتہ تجھے مان گئے
عمرِ رفتہ کو کہاں سے لائیں
ہم نے مانا تجھے پہچان گئے
ڈھونڈنے آئے تھے ہم دِل کا سکوں
بزم سے تیری پریشان گئے

یاد کیوں آتا وفا کا وعدہ
وقت کے ساتھ ہی پیمان گئے
آپ ہی ایک تھے صاحب جس کو
لاکھ کشتوں میں وہ پہچان گئے
آپ ہی ایک تھے صاحب جس کو
لاکھ کشتوں میں وہ پہچان گئے

○

۹ مئی سنہ ۱۹۸۳ء

جو امتزاج ترے حُسن اور شباب میں ہے
وہ آتشہ ہے اگر اک جھلک شراب میں ہے
نہ ماہتاب میں وہ ہے نہ آفتاب میں ہے
جو رنگ و نور ترے عارضِ گلاب میں ہے
جو التہاب مرے رنگِ اضطراب میں ہے
کسی کا عکس کسی دیدۂ پُر آب میں ہے
کسی کا جلوہ رُخ دامنِ نقاب میں ہے
کہ کوندتی ہوئی بجلی کوئی سحاب میں ہے

مٹی مٹی سی عبارت وفا کے باب میں ہے
لُٹی لُٹی سی مہک وقت کی کتاب میں ہے

عجیب دَور ہے دورِ خلاء و ماہ و نجوم
ہماری کشتیٔ عمرِ رواں سراب میں ہے

ہے قطرہ بحر میں یا ریگزار میں ذرّہ
ہماری ہستیٔ موہوم کس حساب میں ہے

ہمارا ابلقِ عمرِ رواں روانہ ہُوا
بس ایک پاؤں جو رکھا ہی تھا رکاب میں ہے

جلایا طور کو جس جلوۂ فروزاں نے
وہ شعلہ بار ترے حسنِ برق تاب میں ہے

بنا ہے مول ہی جس کا بہائے ہفت اقلیم
وہ خالِ رخ بھی مری چشمِ انتخاب میں ہے

سبب ہے اس دلِ حسرت نصیب کے صاحبؔ
سکوں ذرا بھی نہیں زندگی عذاب میں ہے

○

۱۲ر جون ۱۹۸۳ء

جب فراقِ یار ہی اپنا مقدّر ہو گیا
ہائے اب جینا نہ جینا سب برابر ہو گیا

اشک آنکھوں میں مری اُمڈے مگر کچھ بن نہ پائے
اور صدف میں ایک قطرہ آب گوہر ہوگیا

ہے فضا مسموم ساری اور ہوائیں زہرناک
سانس بھی لینا چمن میں اب تو دوبھر ہوگیا

اس قدر زخموں سے دل کا آئینہ ہے چُور چُور
پھول بھی پھینکا کسی نے گر تو پتھر ہوگیا

مہر کی چشمِ عنایت سنگ کو کرتی ہے لعل
کیا تعجب گر کرم ساقی کا مجھ پر ہوگیا

کیا سبب کرتی نہیں اب داستانِ غم اثر
سنتے سنتے کیا کلیجہ تیرا پتھر ہوگیا

اپنی محرومی کا صاحب کیا گِلہ تقدیر سے
کوئی دارا ہوگیا کوئی سکندر ہوگیا

○

۱۹ رجون ۱۹۸۳ء

چھلک گیا مری آنکھوں خون کا دریا
کسی کے گوشۂ داماں کو ڈھونڈتا دریا

کہیں یہ قہر بنا اور کہیں بلا دریا
ہے پیچ و تاب میں خود اپنے مبتلا دریا

کہیں سراب کے نیچے دبا ہے زیرِ زمیں
کہیں پہاڑ کے دروں میں ہے چھپا دریا
ہر ایک قطرۂ بے مایہ کا ہے دست نگر
سمجھ رہے ہیں جسے لوگ فیض کا دریا
لرزتا کانپتا دریا میں ڈوبتا سورج
سرابِ دہر کی صورت میں سوکھتا دریا
نہ جانے کونسے عالم میں ہوں تحیّر کے
ہے آئینے کی طرح مجھ کو گھورتا دریا
سمیٹ لایا ہے طوفاں مجھے ڈبونے کو
مجھ آفتاب کو کیسے ڈبوئے گا دریا

○

۱۹ر جون ۱۹۸۳ء

منصور طبع لوگ ہیں ہر دور میں جنہیں
دار و رسن کے جھولے میں خود جھولنا پڑا
اک دن بھی ہم کو عمرِ گریزاں نہیں ملی
ہرچند زندگی کو بہت ڈھونڈنا پڑا
آساں نہیں تھا چومنا نعلینِ یار کا
تپتا ہوا تھا ذرہ جسے چومنا پڑا

اک تیر دل کے پار، مرے زندگی میں ہو گیا
جس کو تمام عمر مجھے جھیلنا پڑا
اک بار مجھ پہ پھینکنے والے گلال کے
سو بار خوں کی ہولی مجھے کھیلنا پڑا
چکر میں پڑ کے زلفِ گرہ گیر یار کے
صاحب بطونِ کوئے بتاں گھومنا پڑا

○

۲۶ر جون سنہ ۱۹۸۴ء

قتل کر کے کفِ افسوس وہ ملتا کیوں ہے
درد کی آنچ میں پتھر یہ پگھلتا کیوں ہے
درد رہ رہ کے کلیجے کو مسلتا کیوں ہے
تم سے ملنے کو دلِ زار مچلتا کیوں ہے
جلوۂ رخ کی تمازت سے پگھلتا کیوں ہے
آئینہ آتشِ رخسار سے جلتا کیوں ہے
بارشِ سنگ ستمہائے زمانہ کی ہر خیر
خامۂ چاکِ جگر آگ اگلتا کیوں ہے
جن کو دعویٰ ہے وفا کا کوئی جا کر پوچھے
وقت کی دھوپ میں رنگ ان کا بدلتا کیوں ہے

ان پہ مرنے کا سبب خاک بیاں ہو اے دل
شمع پہ گر کے پتنگا کوئی جلتا کیوں ہے
برگ گل سے بھی ہے نازک ترا دل مان لیا
تسلِ گلشن کے نظاروں سے بہلتا کیوں ہے
تھا نہ گر میری شب تار کا ڈھلنا ممکن
روزِ روشن میں اندھیرا یہ بدلتا کیوں ہے
تو ہی راضی برضا ہے صاحب ورنہ
سر کے بل دھار پہ تلوار کی چلتا کیوں ہے

○

۲۹ر جون ۱۹۸۳ء

ہماری زندگی اک دردِ سر ہے
دعاؤں میں نہ آہوں میں اثر ہے
اگر تر ہے سرِ بالیں ہمارا
کسی کا دامنِ مژگاں بھی تر ہے
سرابِ دشت رودِ زندگانی
نہ دریا ہے نہ دریا میں گہر ہے
ہے صحرائے لق و دق اور ہم ہیں
نہ رہبر ہے نہ کوئی ہمسفر ہے

غزل کا فن جسے کہتے ہیں صاحبؔ
مرصع کار کا وہ اک ہنر ہے

○

۲۷/جولائی ۱۹۸۳ء

ساتھ ان کے جرانیاں دل کی
یاد ہیں لنترانیاں دل کی

پارہ پارہ ہے سینۂ صد چاک
اے خوشا حکمرانیاں دل کی

زخم سے زخم حسرتوں کے ہیں
بے نشاں ہیں نشانیاں دل کی

اشک و نالہ سے کام ہے دن رات
خواب ہیں خوش بیانیاں دل کی

ان کو ٹھہرایا بیوفا آخر
ہائے رے بدگمانیاں دل کی

یاد کیوں آ رہی ہیں رہ رہ کر
بھولی بسری کہانیاں دل کی

کس نے پوچھی تھی بات اے صاحبؔ
ہم ہیں اور بے زبانیاں دل کی

○

۲ر اگست ۱۹۸۳ء

دار کرنا تو بے خطا کرنا
میرے حق میں اگر دعا کرنا

دوست اس بیوفا زمانے میں
راس آیا کسے وفا کرنا

درد نکلے ہیں سب گدا بن کر
در کسی کے لیے نہ وا کرنا

لمحہ لمحہ نئے نظارے ہیں
چشمِ عبرت کو وا ذرا کرنا

خود کو ٹھہرا کے مجرم و خاطی
جو بھی کرنا ہو فیصلہ کرنا

لکھ دے حصے میں غیر کے یارب
ناروا کہنا ، ناروا کرنا

کام سارے بگاڑے ہیں اس نے
کس سے تقدیر کا گلہ کرنا

جن کو کچھ اور فن نہیں آتا
ان کو آتا ہے تبصرہ کرنا

کم سوادِ دل سے کیا گلہ صاحبؔ
چاہئے تم کو دل بڑا کرنا

○

۲۳ راگست ۱۹۸۳ء

جو دل کا زخم ہے میرے جگر کا سورج ہے
وہ ماہِ چار دہم میرے گھر کا سورج ہے
مری جبیں پہ ہزاروں ہیں غم کی تحریریں
قلم کی روشنی میرے ہنر کا سورج ہے
لباسِ شعر بنا تیرا پیکرِ سیمیں
ترا جمال ہی قلب و نظر کا سورج ہے
اندھیری رات مقدر میں گرچہ لکھی تھی
ترا خیال مگر میرے گھر کا سورج ہے
دعائے نیم شبی تیرا شعلۂ لرزاں
دیارِ درد میں بابِ اثر کا سورج ہے
جہانِ درد میں پھیلی ہے روشنی جس سے
وہ ایک بوند میری چشمِ تر کا سورج ہے
میں اپنی راہ بھلا کیسے بھولتا صاحبؔ
جب اس کا نقشِ قدم رہ گذر کا سورج ہے

○

۲۳؍ اگست ۱۹۸۳ء

یہ سچ ہے ملی در سے ترے دولتِ غم بھی
یہ بھی ہے حقیقت کہ تہی دست ہیں ہم بھی

ہے شکر کا سجدہ تو شکایت بھی ہے لب پر
بڑھ کر ہے توقع سے عطا آپ کی کم بھی

ایسے تھے سبک گام رہِ ہستی کے مسافر
ملتے نہیں آج ان کے کہیں نقشِ قدم بھی

یوں تلخیٔ دوراں سے بنے زہر کے عادی
گویا ہے غذا جاں کیلئے نیش کا سم بھی

کیا فطرتِ انساں کے تقاضے ہیں نہ جانے
شاکی ہیں کرم کے، ترے ممنونِ کرم بھی

اک شور سا دن رات بیاباں بھی ہے صاحب
میخانے کا دروازہ ہے کیا بابِ حرم بھی

○

۲۴؍ اگست ۱۹۸۳ء

ہر اک سے ربط رہے، رسم مخلصانہ چلے
ہم اپنی چال نہ بھولیں غلط زمانہ چلے

ہزار چال تو ہر گام پر زمانہ چلے
ہزار حیف جو ہم راہ دوستانہ چلے

چلن ہے عام زمانے میں جعلی سکّوں کا
نہیں چلے تو فقط سکۂ وفا نہ چلے

اندھیرے مات اُجالوں کو دے نہیں سکتے
زمانہ لاکھ کوئی چال شاطرانہ چلے

ہے تیز گام بہت رخشِ عمر ہی اپنا
غضب ہے اس پہ اگر غم کا تازیانہ چلے

اس احتیاط سے ہر راہ سے گذر جانا
کہ اپنا ذکر بدی سے نہ غائبانہ چلے

زمانہ سنگ بنا موم کیوں بنو صاحبؔ
قلم بھی تیغ کی مانند قاتلانہ چلے

○

۸/ستمبر ۱۹۸۳ء

تمام رات بہلتے رہے کتابوں سے
بجھائی تشنگی ہم نے انہی سرابوں سے

ہمارے ہاتھ میں پارس بھی ایک پتھر ہے
سمیٹے یاروں نے گنج گراں خرابوں سے

ہزار ڈھنگ سے تعبیر خوش نما دے گی
ڈرے نہ زیست کے ہم بدنصیب خوابوں سے
ہے میرے سامنے عبرت کا بحرِ بے پایاں
تماشہ دیکھتا رہتا ہوں دو حبابوں سے
نہ ان میں بوئے وفا ہے نہ ان میں رنگِ خلوص
پٹا پڑا ہے یہ گلزار جن گلابوں سے
یہ اور بات کہ آیا نہ راس کوئی بھی
نوازا آپ نے ہم کو کئی خطابوں سے
کیا ہے قتل بہائے بغیر قطرۂ خوں
نگاہِ ناز کو نسبت نہیں عقابوں سے
ڈبو دیا ہے انہی کاغذی سفینوں نے
ہمارا ناس ہوا ہے نئی کتابوں سے
یہ آگ آتشِ دوزخ سے کم نہیں صاحبؔ
خدا بچائے ہمیں زیست کے عذابوں سے

○

۹ ستمبر ۱۹۸۳ء

ظلم و بیداد کو انصاف زمانہ کہیئے
عدل کہتے تھے جسے اب اُسے عنقا کہیئے

سایۂ تاک میں رہتا ہے لہو غنچوں کا
کیوں نہ اس شہر کو آسیب کا صحرا کہئے

جاگ اُٹھی قالبِ انساں میں درندہ فطرت
اب اسی خُو کو جبلت کا تقاضہ کہئے

قاضیٔ شہر نے گردن زدنی ٹھہرایا
دردِ سر کا ہے یہ درماں تو اسے کیا کہئے

ہم کو اس دہر میں انصاف ملے مشکل ہے
حشر کے دن کو بھی اک وعدۂ فردا کہئے

کہتے ہیں جبر کی حد ہی نہیں ہوتی صاحبؔ
ایک حد یہ ہے کہ قاتل کو مسیحا کہئے

○

۱۹؍ ستمبر ۱۹۸۳ء

ستم ہے جس کے آگے خود کو ہم بے دست و پا سمجھے
اسے دامن کشاں دیکھا جسے ہم آشنا سمجھے

پڑے ہے تجھے عقل پر پڑے جو نالے کو رسا سمجھے
ہم اپنے دل کی دھڑکن کو تری آواز پا سمجھے

فلک کی چال کو جانے نہ کچھ اس کی ادا سمجھے
خود اپنے دل نے یہ دھوکہ دیا اس کو خدا سمجھے

کیا اقرارِ الفت آگ سی سینے میں بھڑکا دی
لگی دل کی بُری ہوتی ہے اس کو آپ کیا سمجھے

ہماری قسمتوں میں ٹھوکریں کھانا جو لکھّا تھا
کمالِ بے رخی کو بھی ادائے دلربا سمجھے

فدا اس شمع رو پر ہیں یہی قسمت ہماری ہے
کوئی چاہے بھلا سمجھے، کوئی چاہے بُرا سمجھے

قصور ان کا سمجھتے تھے قصور اپنا نکل آیا
ہم اپنی سادگی میں ان کو اپنا مبتلا سمجھے

ہمارے ہاتھ میں پارس بھی آ کر بن گیا پتھّر
تمہاری خاکِ پا کو اپنے حق میں کیمیا سمجھے

تمہی نے دے کی قسمیں جبکہ پیمانِ وفا باندھا
کہاں ممکن تھا اس کے بعد کوئی بے وفا سمجھے

کسی کی زندگی وابستہ دامن سے تمہارے تھی
نہ کی کوشش سمجھنے کی نہ اس کو تم ذرا سمجھے

کہا اس کا کبھی مانے کبھی بات اپنی منوائے
مزہ تو جب ہے صاحبؔ آشنا کو آشنا سمجھے

○

۲۴ ستمبر سنہ ۱۹۸۳ء

جو رنج ہے وہ ترے رنجِ بے سبب سے ہے
اب آ بھی جا کہ ترا انتظار کب سے ہے

گلہ فلک سے ستاروں سے یوں تو سب سے ہے
سیاہ بخت ہمارا ترے غضب سے ہے

تو بحرِ جود و کرم ہے نہیں کچھ اس میں کلام
مری شناخت مری تشنگی لب سے ہے

عطا ہوا ہے کسی کو ترا غمِ دوری
کسی کا ربط تری محفلِ طرب سے ہے

تو اپنا قفلِ دہن کھولتا تو بات بھی تھی
شگفتگی مرے گلشن کی تیرے لب سے ہے

ہمیں کیا ہم ہیں شبِ غم کے کاٹنے والے
شمارِ عمر اگر سال و روز و شب سے ہے

نہ کام کرنے کو جی ہو، نہ کوئی کام بنے
کہ زندگی کا گذرنا عجیب ڈھب سے ہے

طلب اگرچہ نہیں درخورِ قبول، مگر
مزہ تو ان کی عنایاتِ بے طلب سے ہے

رکھا ہے غم کو ترے اپنے جان و دل سے عزیز
طلوعِ صبحِ بہاراں ردائے شب سے ہے

چراغِ کشتہ بنا ہے بلا لو صاحب کو
حضورِ یار یہی التجا ادب سے ہے

آتشِ بے نام 192 صاحب حیدرآبادی

○

۲۶ر ستمبر ۱۹۸۳ء

دھوپ میں ابرِ رواں کے مانند
ان کا دامن بھی رہا کم سر پر
سنگدل تیری محبت کے سوا
اور بھی ٹوٹے کئی غم سر پر
خمِ گیسو کی ترے حسرت میں
آسماں ایک ہوا خم سر پر
کچھ سفیدی ہے سیاہی کچھ ہے
روز و شب کھل گئے باہم سر پر
دردِ الفت کو چھپائے دل میں
ہم اٹھائے ہیں ترا غم سر پر
زخم تھے سنگِ ملامت کی دین
سنگریزوں کا ہے مرہم سر پر
فکرِ خورشیدِ قیامت کیا ہے
ان کے گیسو کا ہے پرچم سر پر
جب سے وہ ہم سے جدا ہیں صاحبؔ
اک قیامت کا ہے عالم سر پر

۲۶/ستمبر ۱۹۸۳ء

جستجو ایک لالہ رو کی ہے
دل کو حاجت مرے، رفو کی ہے

آرزو ایک بھی نہیں باقی
منزل ایسی بھی آرزو کی ہے

اور توصیفِ مرگ کیا کیجئے
اک ارادہ بھی حیلہ جُو کی ہے

جام جیسے ہو کوئی چھلکا ہوا
گفتگو ایک تُند خُو کی ہے

عمر بھر کے لیے ہُوا قائل
آپ سے جس نے گفتگو کی ہے

نام دل کا کبھی تو دریا تھا
اب تو اک بوند بس لہو کی ہے

دی خلش تیرِ نیمکش کی سی
بات کب تو نے دو بدو کی ہے

اے گل اندام، گلبدن، گل میں
اہمیت ساری رنگ و بو کی ہے

ہم نے صاحب نہ ملنے والے کی
مدت العمر آرزو کی ہے

○

۲۸ ستمبر ۱۹۸۳ء

جہاں آرزو کچھ کم نہیں ہے
فریب رنگ و بو کچھ کم نہیں ہے
نہیں کوئی۔ نہ ہو۔ تو ہو ہمارا
بھری دنیا سے تو کچھ کم نہیں ہے
تغافل سے کسی کے جاں بلب ہیں
یہی بس ایک تو کچھ کم نہیں ہے
قدم جب لڑکھڑائے تو نے تھاما
یہ پاسِ آبرو کچھ کم نہیں ہے
سُنے ہم نے مسیحائی کے چرچے
تمہاری گفتگو کچھ کم نہیں ہے
چلی آئی لبوں پر جان کچھ کر
تمہاری چشمِ جادو کم نہیں ہے
شراب غم سے ہوں سرشار صاحب
مجھے دل کا سبو کچھ کم نہیں ہے

۲۸ ستمبر ۱۹۸۳ء

ادائے قتل بھی جب جرم سے بری ٹھہری
مری حیات بالاقساط خودکشی ٹھہری

خدا کی شان ہے یہ بُعدِ راہِ الفت میں
مری خوشی میں اگر تیری ناخوشی ٹھہری

بیاضِ شعر نہیں اس کو شرحِ غم کہئے
جو ربط ان سے رہا اس پہ شاعری ٹھہری

یہ شش جہات ہیں آئینہ دارِ چنگیزی
یہاں تو عدل کی تنویر دو گھڑی ٹھہری

گئے حسینؓ پہ وہ دورِ کربلا نہ گیا
اس انتہاء کی نہ حد کوئی آخری ٹھہری

جب التفاتِ نظر تک نہیں تو اے صاحبؔ
وہ کونسی ہے ادا جس پہ دلبری ٹھہری

فردیات

ہماری چشمِ شوق کو نوازتے تو بات تھی
بس آئینے کو خود ہی تم جو دیکھتے رہے تو کیا؟

فراقِ یار میں جسم نزار زرد ہوا
کہ جیسے ساز کا پردہ زبانِ درد ہوا

بلوریں جسم ترا قد آدم آئینہ
ترے جمال کے جلوے ہیں سات پردوں سے

مجھ کو حریصِ لذتِ دیدار دیکھ کر
آنکھوں نے مل کے دل کو گنہ گار کر دیا

حق کی بات کہنے میں اس قدر جھجک صاحب
شمع کے ہو پروانے، روشنی سے ڈرتے ہو

بیکسی ہم کو آسرا دے گی　　موت ہر چیز کو بھلا دے گی

فراقِ یار میں صومِ مدام ہے مجھ پر　　شراب کیا ہے کہ پانی حرام ہے مجھ پر

کسی کے ناز و ادا کی یہ دین ہے صباحتؔ　　تری غزل میں کہاں ورنہ بانکپن ملتا

چار دن کی زندگی میرے لئے　　چار صدیوں کے برابر ہو گئی

میں نے کیا شعار، رہِ حق و راستی　　اس راہ پر بھی مجھ کو لگیں لاکھ ٹھوکریں

چاہنے والوں سے ہے زیست میں کچھ آب و نمک　　ہم کو چاہت نہ ملی، ہم یہ مزا کیا جانیں

کجی فلک میں ہے اور ہے زمین ناہموار　　قدم قدم پہ نہ ٹھوکر لگے تو کیونکر ہو

زہر خورانئ احباب کی تفصیل نہ پوچھ　　یار نے زہر پلایا ہے تو شربت جانا

صدمے صدیوں کے اٹھاتے رہے پیدا ہو کر　　راہ محشر کی بھی تکنی ہے جزا پانے کو

لب ہیں خاموش چشم گویا ہے　　تیری الفت نے ہم کو کھویا ہے

آتش بے نام ۱۹۸ صاحب حیدرآبادی

ملا کے خاک میں دامن جھٹک دیا تو نے
لے میری خاک بھی تیرا طواف کرتی ہے

اس رنج سے آنکھیں میری بیخواب ہوئی ہیں
جو وصل کی راتیں تھیں وہ اب خواب ہوئی ہیں

چشمۂ آبِ بقا تھا ظلمتوں کے درمیاں
چاند تیرے رخ کا چمکا نکہتوں کے درمیاں

آتشِ غم نے گل کھلایا ہے
دردِ دل خوب رنگ لایا ہے

ناز و انداز و غمزہ و عشوہ
دل بھی عاشق ہے یار کس کس کا

کتنے مایوس مریضوں نے شفا پائی ہے
نام احمدؐ میں مسیحا کی مسیحائی ہے

پرتو ہے حسنِ ذات کا پیکر حضورؐ کا
یہ شش جہات آئینہ خانہ ہے نور کا

اپنی تاثیر دکھا دیتی ہیں تدبیریں بھی
وقت کے ساتھ بدل جاتی ہیں تقدیریں بھی

دم نکل جائیگا جس دم تو یہ بجھ جائیں گے
میری سانسوں سے ہیں روشن تری یادوں کے چراغ

صبر کرتا ہوں تو آتا ہے کلیجہ منہ کو
اور تڑپنے کے لیے دم بھی کہاں بسمل میں

فخر جتنا بھی کروں دَور پہ اپنے کم ہے
سانس کی آمد و شد بھی ہے جہادِ اکبر

زخم یادوں کے ترے، وقت کے ساتھ
مندمل کیا ہوئے گہرے ہی ہوئے

کس قدر ہم کو بھروسہ ہے تری رحمت پر
بند کی آنکھ رہِ ملکِ عدم طے کر دی

مطمئن قبر میں جا کر ہوا قلبِ مضطر
پاؤں پھیلائے ہوئے حشر تلک سوئے ہم

بہانہ چاہیئے تھا تیری رحمتوں کے لیے
بس اک بہانہ ہے یا رب مری دعا کیا ہے

ہاتھ اپنے ہیں کاسۂ امید
ہاتھ ملنے سے دل ملیں شاید

یادِ ایامِ گذشتہ کی نہ پوچھو عشرت
پھول باسی ہیں مگر ان کی مہک تازہ ہے

شرابِ جام کے پیکر میں جلوہ گر جیسے
مرا کلام ہی آئینہ بن گیا میرا

حسد نے عیب نکالے ہیں کتنے اے صاحبؔ
کلام میں تو تمہارے کوئی کلام نہیں

تیشہ بدست سر پہ ہے صاحبؔ ہر ایک شخص
جیسے ہر اک کی راہ کا پتھر تمہی تو ہو

گلشن میں ہاتھ دامنِ گل تک نہ جا سکا
صحرا میں خاک پاؤں کی سر پر پڑی تو ہے

نہ کھلا حالِ دلِ زار دمِ آخر بھی
دیکھ کر ان کو ہلے ہونٹ تو آواز نہ تھی

اک بوند جو باقی ہے رہے آبرو اس کی
یہ اشکِ گہر آپ کے دامن کے لئے ہے

دانستہ تھی رہائی قفس سے اسیر کی
بے بال و پر تو لقمۂ زاغ و زغن بنا

کہاں وہ عرش کی منزل کہاں یہ کرۂ خاک
خدا کسی کو نہ ایسا ذلیل و خوار کرے

آزمائش کا سلسلہ شب و روز
کب کیا میں نے صبر کا دعویٰ

فغانِ روز و شب سے ہو گئی دل میں کشش پیدا
نکمّے کو بھی صاحبؔ ہم بڑے کار سے آئے

مر چکے ایک دوسرے کے لیے
شاید اس کو پچاس سال ہوئے

نشۂ عشق میں بہکی ہوئی باتیں ہوتیں
عطرِ انفاس سے مہکی ہوئی راتیں ہوتیں

حقیقت کی جھلک ہے زندگانی کے فسانے میں
شرافت کے نمونے اب بھی ملتے ہیں زمانے میں

تھی موجِ گل کی طرح بہت مختصر، مگر عمرِ دراز دی مجھے تیرے فراق نے

کیف بھی کم مئے حیات میں ہے رفتہ رفتہ چراغ بجھتا ہے

گرچہ میں پاشکستہ ہوں صاحب شعر پہنچا نگر نگر میرا

سچ پوچھئے اگر تو نہ بد ہے نہ نیک ہے اپنی نظر میں کافر و دیندار ایک ہے

ہم کو عزیز جاں جو بنایا ہے بعد مرگ سرمے کی جائے آنکھ میں پسنے کے بعد ہم

دلِ خراب اُجڑ کر نہ پھر ہوا آباد صنم کدے کو مٹایا تو بن گیا کعبہ

ہوتے ہی شام بام پر آ کر کھڑا وہ ماہ نکلا ہے چاند ہو گیا خورشید جب غروب

یہ انقلاب بھی وجہ سکونِ دل نہ ہوا ہماری خام خیالی تھی اور کچھ تو نہ تھا

تم وہ کہ اگر چاہو تو مردے کو جلا دو مرنا بھی اگر چاہیں تو ہم مر نہیں سکتے

نیش زن کیوں ہے یہاں خاک کا ذرّہ ذرّہ یہ جہانِ گذراں خانۂ زنبور ہے کیا

آتش بے نام ۲۰۲ صاحب حیدر آبادی

نہ سُنا درد کے فسانے کو
اتنی فرصت کہاں زمانے کو

تم اگر میرے ہو کیوں دور رہتے ہو مجھ سے
اور اگر غیر کے ہو مجھ میں سماتے کیوں ہو

اشکِ غم پھیلتے جاتے ہیں مرے
تیرے دامن کا کنارا چاہیئے

دفتر سیاہ کر دیئے میں نے بنام شعر
مکتوب ایک بھی نہ تمہارا ملا مجھے

دل کا تم درد بنے درد کا درماں نہ بنے
حسرتِ دید بنے وصل کا ساماں نہ بنے

بندۂ شاہِ نجف صاحبؔ دلگیر بھی ہے
یا خدا تو اسے دربار علی کا دکھلا

کون جانے کہ ہو خورشید کا کب اپنے گذر
چادرِ ماہ بچھائے ہوئے ہم بیٹھے ہیں

مسکرا تو نہ مرے حال پہ طنزاً اے دوست
دلِ صد پارہ پہ میرے نہ نمک پاشی کر

چھوٹ کر تجھ سے وہ عالم دلِ صاحبؔ کا ہوا
جیسے ٹوٹا ہوا اک تار نوا آواز نہ دے

تمہارا غم نیا کوئی نہیں ہے
مرا ماتم نیا کوئی نہیں ہے

ہر اک رہرو ہے اس منزل میں تنہا　　رہِ الفت میں نقشِ پا نہیں ہے

ہم نے ہجرِ یار کو سمجھا تھا پیغامِ اجل　　زندگی بخشی گئی ہے ماہیِ بے آب کو

ان کو کس منہ سے وہ دیں سنگ دلی کا الزام　　سخت جانی نے جنہیں ہجر میں مرنے نہ دیا

ہم سے دامن کو چھڑانا تھا ترا اوجِ کمال　　اپنا یہ عیب تجھے جان سے بڑھ کر چاہا

صہبا میں اک جھلک سے رخِ لالہ فام کی　　پھیلی ہے چاندنی اسی ماہِ تمام کی

بہار آئی بھی رخصت بھی ہوگئی صاحب　　ہمارے دل کی کلی کل کھلی نہ آج کھلی

قفس ہجر میں دم اتنا گھٹا تھا کہ نہ پوچھ　　تنگ آ کر ترے کوچے میں نکل آئے ہیں

ہزار قند سہی زندگی ہزار نبات　　نہیں ہے اس میں کہ درکار تھی وہی اک بات

یہ حریفِ غمِ دوراں نہ بنا　　ہم نے ہر ظلم کو دیکھا سہہ کے

ہم سے برگشتہ کیا ہے ان کو　　یار لوگوں نے بہت کہہ سن کے

ڈالی نظر نہ اپنے ہی روئے سیاہ پر لوگوں نے آئینے میں بھی دیکھا ہے عیب کو
مجرم جرم محبت کی سزا عمر بھر قید ہے تنہائی کی

ہماری فہم و فراست کے گو سبجھے ڈنکے خدا شناس کجا خود شناس بھی نہ ہوئے

غم کے سیلاب نے وہ چہرے کی صورت کردی جیسے بیمار کا بستر ہو شکن آلودہ

میرے نالے ہوئے پھر کیسے صدائے صحرا تم اگر صبح و مسا گوش بر آواز رہے

ہو کرم مجھ پہ بے بدل مولا میرے حالات کو بدل مولا

غالب ہے رنگ رنج کا رنگ حیات پر آتی ہے آہ لب پہ مرے بات بات پر

اک بیاباں ہی پہ موقوف نہیں ہے اے دل تو نے جس گھر کو بسایا وہ بیاباں نکلا

دم دلاسے بھی نہیں جھوٹی تسلی بھی نہیں اب فقط حشر پہ موقوف ہے وعدہ تیرا

روشن ہے مرے داغ جگر سے مرا سینہ یارب نہ بجھے شمع فروزاں یہ بھڑک کر

جلوہ خدا کا روئے بتاں میں خدا کی شان
دو رخ ہیں اس کے ان میں جمال و جلال کے

خدا جانے وہ کیسے لوگ ہیں جو غم چھپاتے ہیں ہمیں مشکل نظر آیا چھپانا چشمِ پُرنم کا

کہیں ایسا نہ ہو کہ ہو مزاجِ دشمناں ناساز طبیعت آج میری بے سبب گھبرائی جاتی ہے

رنج کیا چیز ہے الم کیا ہے تو وفا کیش ہے تو غم کیا ہے

غم ہی غم زندگی میں سہی لے مرے یار تیری خوشی

دشتِ غربت میں بھی پیچھے صاحب ڈھونڈتی بادِ سموم آئی ہے

فلک کی لاکھ آنکھوں نے نہ دیکھا جس کا سایہ تک مری آنکھوں نے اس کا جلوۂ پُر نور دیکھا ہے

زباں کھولوں اگر جاں کی اماں پاؤں خدا کے آگے شکایت خدا کی لیجاؤں

ہوئی صرفِ ستم جو زندگی صرفِ الم ہوگی مرے حصے میں آئی بھی خوشی کب تھی جو کم ہوگی

مانا کہ قیس کی طرح مشہور ہم نہیں راہِ جنوں میں ویسے کسی سے بھی کم نہیں

ہم ہی صاحب ایک اپنی راہ تکتے رہ گئے
کارواں در کارواں احباب سارے چل دیئے

نہ پائی شمہ برابر بھی سرخوشی میں نے
زمانے بھر کے لیے غم خوشی خوشی میں نے

عطرِ گل کی طرح سے مہکا دے
میری مٹی کو تو خراب نہ کر

دھوپ ہے ریت ہے جلتے ہوئے انگارے ہیں
زندگی اپنی بلالِ حبشیؓ کی سی ہے

زورِ وحشت کا اثر ہے صاحب
در و دیوار سے ٹکراتے ہیں

ہجراں نصیب کیسے جئے یہ نہ پوچھئے
اس زندگی کے نام سے دل کانپ اٹھے

بنا دے زلفِ گرہ گیر کو گلے کا ہار
بنے یہ راستہ شاید گلو خلاصی کا

عقدۂ رشتۂ تقدیر کے وا کرنے میں
میرا ہر ناخنِ تدبیر تڑخ کر ٹوٹا

اگر تاریخ اپنے آپ دہرائے تو ہم جانیں
اگر پھر دورِ فاروقی پلٹ آئے تو ہم جانیں

قطعۂ تاریخ بہ تقریب طبع آتشِ بے نام

دیوان غزلیات صاحب حیدرآبادی

ہوگیا طبع آتشِ بے نام — ہے پسندیدۂ خاص و عام
داستاں ہے یہ حسن والفت کی — نام اس کا ہے آتشِ بے نام
پیاس اپنی بجھاتے ہیں اس سے — بادۂ عشق کے بھی رند تمام
رہتی ہے عاشقوں کے سینے میں — ہو کے روشن یہ آتشِ بے نام
داد ملتی ہے خوب صاحبؔ کو — بزم میں جب سناتے ہیں یہ کلام
قدر کرتے ہیں دل سے صاحبؔ کی — دیکھتے ہیں جو آتشِ بے نام
ہیں تصانیف انکی کثرت سے — ہے ادیبوں میں انکا اونچا مقام
انکے جذبات عشق کی تفسیر — بن گئی ہے یہ آتشِ بے نام
ہے یہ صاحب کی بے بہا تصنیف — داد دیتے ہیں اہلِ علم تمام
اسکے ہر شعر میں تغزل ہے — ہر غزل میں ہے عشق کا پیغام

اسکا ہر مصرع موتیوں کی لڑی
آب و تاب ایسی جیسے ماہِ تمام

اسکے ہر لفظ میں ہے بوئے وفا
ہے ہر اک نکتہ اسکا جانِ کلام

ہے یہ اہلِ سخن کی نظروں میں
آتشِ عشق آتشِ بے نام

سینے میں ہے حبیبؔ پوشیدہ
درثۂ عشق آتشِ بے نام

۱۹۸۵ عیسوی

از : مرزا حبیب علی حبیبؔ

○

قطعۂ تاریخ فارسی

فکرِ صاحب پسندِ خاص و عام
قابلِ دید رنگ بوئے کلام

این دعائے من از بزرگاں ست
درثۂ عشق آتشِ بے نام

۱۹۸۵ عیسوی

از : مرزا حبیب علی حبیبؔ